Wilhelm Bruners · Wie Jesus glauben lernte

Wilhelm Bruners

WIE JESUS GLAUBEN LERNTE

Christophorus-Verlag · Freiburg i. Br.

Den Schwestern vom Guten Hirten in Hofheim
Den Brüdern vom Zion in Jerusalem

Nihil Obstat

Nikolaus Egender, OSB
Abt der Abtei Dormitio Mariae
Jerusalem 13. Juni 1988

CIP-Titelaufnahme der Deutschen Bibliothek

Bruners, Wilhelm:
Wie Jesus glauben lernte / Wilhelm Bruners. – Freiburg i. Br. :
Christophorus-Verl., 1988
ISBN 3-419-50829-8

Umschlaggestaltung: Barbara Müller-Wiesinger, Freiburg im Breisgau
Gesamtherstellung: Franz X. Stückle, Ettenheim

Inhalt

So hat er, obwohl er Sohn war,
an dem, was er gelitten hat,
den Gehorsam gelernt ...
Hebräer 5, 8

Vorwort

Nicht nur ein Wortspiel

Es begann mit einer Entdeckung. Ich sollte für eine Arbeitstagung zum Thema „Das Lernen des Seelsorgers" eine Meditation verfassen. Also schaute ich in einem biblischen Wörterbuch nach, an welchen Stellen der Heiligen Schrift das Wort „lernen" vorkommt. So hoffte ich, eine Idee zu erhalten. Ich blieb an einer Stelle hängen, die ich zwar schon häufiger gelesen und gehört hatte, aber so recht aufgefallen war sie mir bisher nicht. Es waren ein paar Worte im Hebräerbrief, einem späten Zeugnis im Neuen Testament, in dem der Schreiber des Briefes ein Wortspiel macht. Der Vers im Hebräerbrief lautet: „ ... und obwohl er Sohn war, hat er an dem, was er gelitten hat, den Gehorsam gelernt..." (Hebr 5,8). Das Wortspiel „er hat gelernt" – „er hat gelitten" wird in der griechischen Originalsprache des Textes deutlicher: emathen (hat gelernt) – epathen (hat gelitten). Hier stand also schwarz auf weiß: Jesus hat gelernt!
Sofort meldeten sich bei mir dogmatische Einwände: Jesus brauchte doch nicht zu lernen, er wußte alles, er hatte die Übersicht, er sah alles auf sich zukommen..., so hatte ich es immer wieder gehört.

Wer lernt, ist Schüler. Jesus als Schüler? Der Gedanke schien mir ungeheuerlich. Jesus war Lehrer. Aber Schüler? Das würde ihn uns näherrücken, (wieder) menschlicher machen. Ich fragte akademische Theologielehrer. Jesus – ein Schüler? Sie warnten. Das könne man mißverstehen, meinten sie. Natürlich stehe das im Hebräerbrief, aber es sei nur an dieser Stelle vom lernenden Jesus die Rede, sei also singulär. Man dürfe die Stelle nicht „pressen", man müsse differenzieren ...

Mich ließ das nicht mehr los: Jesus hat gelernt! Jesus – ein Schüler. Ich spürte, daß ER mir an dieser Stelle näherkam. Wie oft bin ich Schüler, Lernender! Mir fiel ein: „... in allem uns gleich, außer der Sünde", so betet der Priester im vierten Hochgebet der Heiligen Messe.

Lernen ist keine Sünde. Auch darin wurde ER uns gleich, daß ER – mit uns – gelernt hat.

Bei näherem Hinsehen sagte mir der Verfasser des Hebräerbriefes aber noch mehr. Er wies auf einen wichtigen biographischen und allgemeinen Aspekt des Lernens: Jesus hat an dem, was er gelitten hat, Gehorsam gelernt. Lernen und Leiden – sie stehen bei Jesus in enger Beziehung. Das Leiden erreicht in der Passion in Jerusalem mit dem schrecklichen Tod am Kreuz seinen Höhepunkt. Damit ist auch der Höhepunkt des Lernens Jesu markiert. Am Kreuz lernt er den Tod kennen – und er lernt in dieser Situation Gott auf eine ganz neue Weise kennen.

Aber das Lernen Jesu beschränkt sich nicht nur auf diesen Augenblick seines Sterbens. Es beginnt früher, wie auch sein Leiden früher beginnt. Jeder Lernschritt ist ein Leidensschritt. Das gilt für Jesus, das gilt für uns alle. Es gehört zu den Grunderfahrungen des Menschen. Im Lernen geben wir bisherige Positionen auf, gehen einen Schritt weiter, verlassen Vertrautes, müssen bisher Gewußtes, Erfahrenes neu einordnen, korrigieren, aufs Spiel setzen ...

Jeder Lernschritt ist auch ein kleines Sterben. Im Tod wird uns der größte Lernschritt abverlangt, der größte Gehorsam. Diesen Gehorsam hat Jesus gelernt, obwohl ER Sohn war. Im Grunde, so entdeckte ich an dieser Stelle im Hebräerbrief, ist ER der eigentlich Lernende. Mir wurde bewußt, daß ich oft nicht lernen will, weil ich nicht gerne leide. Um das Leiden zu vermeiden, verharre ich auf meinem Standpunkt und verweigere mich dem nächsten Lernschritt. Das aber ist Ungehorsam im biblischen Sinn.

Mit der Entdeckung eines Wortspiels hatte es angefangen. Aber es war mehr als ein Wortspiel. Plötzlich stand ich mitten in der biblischen Theologie, die so viel von Gott und dem Menschen weiß. Seither hat ER mich nicht mehr losgelassen: der lernende Jesus, Jesus der Schüler.

Auf dem Katholikentag in Aachen 1986 traf ich Hildegard Lüning. Wir kamen ins Gespräch, kamen auf's Thema „Wie Jesus glauben gelernt hat". Sie lud mich ins Funkhaus nach Stuttgart ein. Wir machten eine Sendung. Hörer fragten erstaunt: Wie Jesus glauben *gelernt* hat? Es müsse doch wohl heißen: Wie Jesus Glauben *gelehrt* hat.

Die Sendung hörte auch Ludger Hohn-Kemler vom Christophorus-Verlag. Er fragte an, ob ich dazu etwas schreiben wolle. Ich wollte. Ich danke ihm für die Möglichkeit, Ihnen, liebe Leserin, lieber Leser, einige Skizzen von meiner Entdeckung des lernenden Jesus mitzuteilen. Möge ER Ihnen damit auch näherkommen, der Menschenbruder und Gottes-Sohn, der Gehorsam gelernt hat an dem, was er gelitten hat, „damit ihr durch den Glauben das Leben habt in seinem Namen" (Johannes 20, 31).

Wilhelm Bruners,
Bruder Markus OSB
Dormitio Abtei, Jerusalem
Fest des hl. Barnabas (,, Sohn des Trostes") 1988

9

*Er saß mitten
unter den Lehrern,
hörte ihnen zu
und stellte Fragen.*
Lukas 2, 46

1 Wo Jesus seinen ersten Religionsunterricht bekommt und wie er seine Lehrer verblüfft

In den engen Gassen der Stadt hat der Strom der Pilger nachgelassen. Auch die Händler in den Geschäften haben weniger zu tun. Das spüren vor allem die Verkäufer und Geldwechsler im Schatten der großen herodianischen Tempelmauer. Die Festtage sind vorbei, das Gedränge in den Hallen Salomos ist längst nicht mehr so groß wie noch Tage zuvor. Dennoch geht das Leben weiter.
Der Geruch von verbranntem Opferfleisch liegt schwer in der Luft. In den Vorhöfen, Hallen und Seitenräumen stehen, sitzen Gruppen beieinander, lernen, disputieren, legen die Schriften aus.
Eine Gruppe fällt auf. Da sitzen Lehrer der Schrift um einen „Bar-Mizwah", einen „Sohn des Gesetzes", einen Zwölfjährigen und sind verblüfft über sein Verständnis, seine Fragen und Antworten. Dem Dialekt nach ist er ein Galiläer: Er spricht aramäisch. Dieser galiläische Junge, der gerade religionsmündig geworden ist, hat die Lehrer im Tempel neugierig gemacht: Hat er schon eine höhere

11

Schule besucht, ein Beth ha-Midrasch? Woher hat er das? Und welche Weisheit ist ihm da gegeben? – so fragen sie. Etwa zwanzig Jahre später werden in seinem Heimatort Nazaret seine Verwandten noch immer so fragen (vgl. Markus 6, 2).

Woher hat er dieses Schriftverständnis, mit dem er die Lehrer im Tempel verblüfft? Die Kenntnis der Tora, ihr Verstehen fällt nicht einfach vom Himmel. Dahinter steckt harte Arbeit, intensives Hören und Lernen.

Natürlich will der Evangelist Lukas, wenn er Jesus „mitten unter den Lehrern" im Tempel als besonders verständig darstellt, eine ideale Szene zeichnen, in der die Weisheit Jesu herausgestellt ist (vgl. Lk 2, 41 – 52). Aber zwölfjährige jüdische Jungen, die Teile der Tora, der Weisungen Gottes, und manches Prophetenwort wissen und im Gespräch mit Lehrern zu verstehen suchen, waren zur Zeit Jesu keine Seltenheit. In Israel fing und fängt der Religionsunterricht früh an. Wenn das Elternhaus religiös war, begann der Unterricht im ersten Augenblick eines Menschenlebens. Bei Jesus scheint das so gewesen zu sein. Die biblischen Texte legen nahe, daß er vom ersten Augenblick seines Lebens an in den Glauben der Mütter und Väter Israels eingeführt wurde. Er lernte die Glaubenstraditionen Israels – auswendig. Das kam dem Wanderprediger späterer Jahre zugute, der keine Bibliothek mit sich führte.

Historiker und Bibelwissenschaftler interessieren sich seit langem sehr dafür, wie ein jüdisches Kind zur Zeit Jesu gelernt hat. Und manche Funde der letzten vierzig Jahre in Israel und den benachbarten Ländern haben uns aufschlußreiches Material darüber geliefert, wie jüdische Lehrhäuser aussahen, wie sich jüdischer Religionsunterricht vollzog. Die Christen können eine Menge aus der jüdischen Tradition lernen, die über 2000 Jahre ihre Weise zu lernen und zu lehren an vielen Stellen lebendig bewahrt hat. Die Evangelien des Neuen Testamentes erzählen uns nicht

12

sehr viel über die Art des anfänglichen Lernens Jesu. Das
Markus- und Johannesevangelium übergehen seine Kindheit ganz. Und auch Lukas und Matthäus sind in ihren
Vorgeschichten wortkarg. Am ehesten hilft uns noch der
Verfasser des Lukasevangeliums, der offensichtlich Nach-
forschungen angestellt hat und mit dem Gehörten und Ge-
fundenen ein großartiges theologisches Bild malt. Und aus
diesem Bild voller Poesie und Theologie treten einige Züge
hervor, die Licht auf unsere Fragen werfen.

Da wird gleich zu Beginn des Lukasevangeliums von
einem alten Ehepaar – Zacharias und Elisabet – berichtet, das zu den Frommen Israels zählt. Zacharias gehört zu
einer Priesterklasse, und seine Frau stammt aus dem Geschlecht Aarons. Dieses tora-kundige Ehepaar sind die
Eltern Johannes des Täufers, des späteren Lehrers Jesu.
Außerdem, so sagt Lukas, sind Maria, die Mutter Jesu, und
Elisabet miteinander verwandt (vgl. Lk 1,36). Und Maria,
die Mutter Jesu, wird vom Lukasevangelisten ebenfalls als
eine schriftkundige Frau dargestellt, die sich in der Tradition ihrer Mütter und Väter gut auskennt und – wie die
große Prophetin Israels: Mirjam (vgl. Exodus 15,20f) –
eine Sängerin und Dichterin ist. Im Haus der Elisabet singt
Maria ihr „Hoch preist meine Seele den Herrn", ein Lied,
das ganz aus Anspielungen und Zitaten der Glaubenstradition Israels besteht: eine Befreiungstradition! Maria wird
dargestellt als eine fromme Jüdin mit einem kämpferi-
schen Akzent: „ER (der Herr) stürzt die Mächtigen vom
Thron und erhöht die Niedrigen" (Lk 1,52) – so singt
auch ihr biblisches Vorbild Mirjam.

Die Bibelwissenschaft wird hier gewiß darauf hinweisen,
das alles sei eine glanzvolle Komposition des Lukas und/
oder seiner Überlieferung und entspreche nicht (unbe-
dingt) der historischen Wirklichkeit. Dennoch scheint
durch alle theologische Übermalung hindurch eine Umwelt Jesu (Verwandte, Mutter, ...), die sich an die Tora,
an die Weisungen Gottes, hält.

13

Dieser Eindruck verstärkt sich beim Blick in die Vorgeschichte des Matthäusevangeliums. Anders als bei Lukas steht da nicht Maria, die Mutter, im Vordergrund, sondern Josef, der Vater. Und von ihm heißt es, daß er „gerecht" war. Dieser kurze Hinweis und sein Verhalten reihen ihn in der Sicht des Evangelisten in die Zahl der Frommen, der tora-frommen Juden ein, die den Weisungen und Geboten Gottes entsprechend handeln. Nichts anderes bedeutet dieses Wort „gerecht" (hebräisch: zadak). Er ist ein Zadik, der durch Beobachtung der göttlichen Tora das Kommen des Messias beschleunigen will.

Wenn Matthäus mit dieser kurzen Charakterisierung in etwa die historische Wahrheit trifft, dann dürfen wir bei Josef Schriftkenntnis vermuten – eine gute Voraussetzung, nun auch den Jungen in die Tora einzuweisen. Außerdem ist Josef, das zeigt der Stammbaum Jesu bei Matthäus, davidischer Herkunft. Er gehört also zum religiösen „Adel". Durch Josef wird Jesus „Sohn Davids" – „aus dem Samen Davids geboren dem Fleisch nach", sagt Paulus in seinem späten Römerbrief (vgl. Röm 1, 3). In Zeiten hochgespannter, endzeitlicher Erwartungen spielen Stammbäume und Herkunft eine große Rolle. Ein „Gerechter" (Zadik) davidischer Herkunft: Das beinhaltet eine doppelte Verpflichtung zu einem der Tora entsprechenden Leben.

Aber Matthäus gibt noch einen Hinweis, der für die spätere Art und Weise des Umgehens Jesu mit der Tora wichtig ist: Weil Josef „gerecht" ist, will er seine Verlobte nicht bloßstellen und beschließt, „sich in aller Stille von ihr zu trennen" (Mt 1, 19). Josef will dem Gesetz entsprechend handeln. Aber er legt die Tora barmherzig aus. Er hätte seine Verlobte Maria anzeigen und „bloßstellen" können; das hätte wahrscheinlich zur Steinigung geführt. Er will nicht ihren Tod! Gesetzestreu entscheidet er sich für den unauffälligsten Weg, den barmherzigen Weg. Daß er dann auf Geheiß des Engels seine schwangere Verlobte zu sich

nimmt, hat diese barmherzige Auslegung der Tora zur
Voraussetzung. „Halte dich an die Weisungen Gottes, aber
lege sie barmherzig aus", das hat Josef dem Immanuel-
Jesus beigebracht. So jedenfalls, als den barmherzigen
Gerechten, stellt ihn Matthäus am Beginn seines Evange-
liums dar.

In dieser Umgebung wächst Jesus auf und lernt jene barmherzigen Weisungen befolgen, die der Gott gegeben hat,
den Jesus einmal in seiner aramäischen Sprache „Abba"
nennen wird. Vielleicht lehrten es ihn schon so der „gerechte" Vater und die schriftkundige Mutter ...

Theologisch taucht hier ein aufregender Gedanke auf.
Wenn das christliche Glaubensbekenntnis sagt, daß Jesus
der Immanuel, der Gott-mit-uns, ist (vgl. Mt 1,23), dann
lernt Gott selbst in eben diesem Jesus seine Weisungen
„am eigenen Leib" kennen. Paulus, der christliche Theologe der ersten Stunde, der oft in seiner Theologie am weite-
sten geht, formuliert es im Brief an die Galater so: „Als
aber die Zeit erfüllt war, sandte Gott seinen Sohn, geboren
von einer Frau und dem Gesetz unterstellt" (Gal 4,4). Im
Sohn lernt Gott jenes Gesetz unter Menschen leben, das er
selbst als Lebensgrundlage für Israel gelegt hat. Gott erfährt durch Jesus von Nazaret, wie es ist, diese Tora zu
lernen und in Treue zu befolgen. Er lernt das Verständnis
für diese Weisungen kennen, lernt die Tora auszulegen,
lernt, wie eng oder weit, belastend oder menschenfreund-
lich die Tora ausgelegt werden kann, so daß sie den Menschen aufrichtet oder niederwirft. Ganz fremd ist dieser
Gedanke auch sonst dem Judentum nicht. Bei den Rabbinen späterer Zeit taucht ab und zu die Vorstellung auf,
Gott selbst halte in seinen Himmeln die Tora und beschäf-
tige sich mit ihrer Auslegung (vgl. bBer 6a; bGitt 6b).

In Jesus ist die Tora für Gott keine Fremderfahrung mehr,
die die Menschen mit einer Preisung befolgen — aber der
jüdische Fromme preist immer, auch wenn er in Not ist.

15

In Jesus macht Gott eine „Selbsterfahrung" mit seiner Weisung im Zusammenhang mit den jüdischen Bedingungen. Jetzt weiß Gott aus eigener menschlicher Erfahrung, wie es Israel mit Seinem Gesetz geht. Er weiß es, wie wir heute sagen, authentisch.

Und wir wissen, wie der Gott-mit-uns seine Tora versteht und lebt. Denn darum geht es: Nicht der kleinste Buchstabe des Gesetzes wird vergehen, kein Gebot soll aufgehoben werden (vgl. Mt 5, 17 – 19); es geht allein um die Art und Weise des Verstehens und der Auslegung der Tora. Jesus ist nicht die „authentische" Aufhebung der Weisung Gottes, er ist ihre von Gott beglaubigte Auslegung: So und nicht anders ist die Tora gemeint, will Jesus sagen. Aber das ist erst möglich, weil Gott im Immanuel eine „Selbsterfahrung" mit dieser Tora gemacht hat. Und diese Selbsterfahrung vollzieht sich in einem Lernprozeß unter menschlichen Bedingungen. Dazu aber gehört eine Hinführung zu dieser Tora. Sie beginnt bei Jesus, wie überall in seinem Volk, in der Familie. Was die Weisungen Gottes sind, ja von Gott selbst hört er in dieser Welt zum ersten Mal von seiner Mutter, seinem Vater, die die Weisungen Gottes leben – in Barmherzigkeit.

Jesus lernt die Weisungen Gottes praktisch im konkreten Leben seiner jüdischen Familie. Da diese jüdische Familie von morgens bis abends eingeordnet ist in eine religiöse Praxis, lernt er sie im ganz normalen Lebensvollzug. Und er lernt sie auswendig!

Bis weit in die Mitte unseres Jahrhunderts lebten Menschen, die ihren „Faust" im Kopf hatten, die ganze biblische Bücher hersagen konnten, Psalmen auswendig sangen ... So trugen sie ihre einmal erlernte Bibel mit sich herum und hatten sie stets zur Verfügung. Für manche war das in der Gefängniszelle der Nazidiktatur lebensrettend.

Jüdische Kinder und Erwachsene, aber vor allem Kinder haben gehört, immer wieder gehört und behalten. Sie hörten vor allem zu Hause und in der Synagoge das „Sch'ma Jissrael" („Höre, Israel! JHWH, unser Gott, JHWH ist einer. Darum sollst du den Herrn, deinen Gott, lieben, mit deinem ganzen Herzen, mit deiner ganzen Seele und mit deiner ganzen Kraft" Deuteronomium 6,4f). Der fromme Jude betete das Sch'ma und die es begleitenden Preisungen schon zur Zeit Jesu, morgens und abends. Und die Kinder, vor allem die Jungen, hörten und beteten es bald mit. Dieses zentrale Gebet der jüdischen Tradition setzt sich nach einer längeren Entwicklung aus drei biblischen Abschnitten zusammen, die das Ganze des jüdischen Glaubens enthalten (Dtn 6,4 – 9; 11,13 – 21; Numeri 15,37 – 41). Das erste Wort „Höre, Israel!" hat dem ganzen Gebet den Namen gegeben.

Der junge Jesus betete es mit seinem Vater, so wie heute jüdische und christliche Kinder einfach mitbeten, sofern die Eltern, Großeltern Gebet praktizieren – auch wenn die Worte zunächst für das Kind noch unverständlich sind. Und gerade die immer wiederkehrenden Texte prägen sich Kindern schnell ein. Dabei bestehen Kinder oft auf dem gleichen Wortlaut – wehe, wenn die Eltern einmal andere Worte benutzen. Die Vorstellung ist nicht abwegig, daß der sechsjährige Jesus Teile der Tora auswendig sagen konnte – er hat sie nie mehr vergessen.

Jesus lernt seinen Gott kennen im Gebet der Familie, in den Festen der Familie: im Osterfest, Wochenfest (unser Pfingstfest), am großen Versöhnungstag, beim Laubhüttenfest, in den rituellen Rahmungen des Sabbatmahles, jeder Mahlzeit, die der fromme Jude mit Gebet begleitet. Er hört in diesen festlichen Begehungen die uralten Erzählungen von der Rettung Israels, von den Bundesschlüssen (Noachbund, Abrahamsbund, Mosebund, Josiabund, Nehemiabund). Er hört von den Gefährdungen dieser Bundesschlüsse, er hört von göttlicher Treue und menschlicher Untreue. Er hört aber auch bei den Propheten, daß Gott sich abwenden kann, daß er bereuen und sich bekehren kann (vgl. Joel 2, 14) – er hört, daß Gott ein „versiegender Bach ist, ein unzuverlässiges Wasser" (vgl. Jeremia 15, 18). Aus dem späteren Verhalten Jesu, wie es in den Evangelien durchscheint, müssen es gerade prophetische Worte gewesen sein, die auf Jesus einen bleibenden Eindruck gemacht haben. Und unter den vielen prophetischen Worten, die er lernte, waren es besonders jene Worte, die von der Bekehrung und Hinwendung Gottes sprachen. Sie bestimmten später sein Verhalten – jedenfalls lange Zeit.

Jesus lernt in der Familie und fragt, wie Kinder eben fragen: Was heißt das? Erklär mir das 'mal! Ich versteh das nicht! Kinder sind, wenn wir es ihnen nicht durch Erziehung austreiben, von Natur aus Fragende. Das kann für Erwachsene lästig werden. Vielleicht haben der Vater oder die Mutter Jesu manchmal gestöhnt.

Jüdische Kinder werden früh zum (religiösen) Fragen erzogen. Die wichtigste Frage, die ein jüdischer Junge in der religiösen Tradition seines Volkes stellt, ist die Frage in der Osternacht: „Was bedeutet diese Feier?" (vgl. Ex 12, 26). Es ist in Israel die Urfrage der Religion. Denn die Antwort darauf ist die Erzählung von der Befreiung durch Gott aus der Sklaverei (vgl. Ex 12, 27 ff).

Jesus, der Schüler! Spätere Schriften, die die biblische „Informationslücke" über seine Kindheit mit eindeutigen Tendenzen schließen wollen, stellen ihn von Anfang an als Allwissenden dar. So erzählt zum Beispiel die apokryphe „Kindheitserzählung des Thomas", daß Jesus von seinem Vater zu einem Lehrer ins Lehrhaus geschickt wird, der ihm aber nichts beibringen kann: Jesus ist ihm haushoch überlegen. Indirekt bestätigen solche Schriften, daß es für Kinder das Lehrhaus und den Unterricht gab. Die Kirche hat Texte vom „allwissenden Jesuskind" stets abgelehnt, weil sie sah, daß hier der Mensch Jesus nicht ernstgenommen wurde.

In der fremdartigen Verkleidung dieser apokryphen Schriften begegnet uns dennoch eine auch heute noch weitverbreitete Jesusvorstellung, die ihn von jeder irdischen Wirklichkeit und erst recht von seinem jüdischen Wurzelboden abgerückt hat. Ein spielender Jesus, ein Jesus, der sich, wie alle anderen Kinder, dreckig macht? Und es gibt im Orient so herrlich dreckige Kinder! Die Christen haben oft sehr chemisch-rein von Jesus gedacht. Er wurde zum „Musterknaben", der wenig geerdet war. Damit aber wurde er in seiner Menschlichkeit geleugnet!

Jesus lernt als Kind, wie mit ihm viele andere Jungen auch, Tora und Propheten; dazu natürlich viele Sprichwörter aus der jüdischen Weisheit, Psalmverse und Auslegungserzählungen (Midraschim) zu biblischen Texten. Jesus lernt in der Synagoge zu erzählen, abstrakte Lehrsätze in Geschichten zu verdeutlichen. Die Synagoge war auch ein Erzählhaus, wie uns der Reichtum späterer rabbinischer Geschichten deutlich macht. Es wird einmal den Rabbi von Nazaret auszeichnen, daß er gut erzählen kann. In der Synagoge hat er es gelernt. Dies alles wird zur Grundlage seines Glaubenslebens. Später, so erzählen uns drei Evangelisten (Matthäus, Markus, Lukas), wenn er die Katastrophe in Jerusalem immer näher auf sich zukommen sieht, werden es gerade Mose (Tora) und Elija (Propheten) sein, von denen er sich „sagen" läßt, worin der Sinn seines Geschicks liegt (vgl. Lk 9, 31). Und es ist wichtig, daß er seinen Glauben „auswendig" im Herzen trägt. Auf diesen gelernten Glauben kann er sich überall stützen, denn die Synagoge und der Toraschrein mit den Schriftrollen gehen nicht mit in die dunklen Stunden der Angst und Einsamkeit. Dann zählt nur noch das, was in uns lebendig ist, was sich uns eingegraben hat in unser Inneres. Vielleicht halten uns am Ende nur noch ein paar Worte: „Gott, mein Gott..."

So also wächst Jesus heran. Alles spricht dafür, daß er in einer religiösen Familie aufwächst, in der er durch die Eltern und das Milieu zu glauben lernt, jüdisch zu glauben lernt. Es ist der Glaube seines jüdischen Volkes, der Glau-

19

be der Väter, der Glaube, der sich in „Gesetz und Propheten" ausdrückt.

Wenn wir in den Evangelien vom schriftgelehrten Jesus hören, dann dürfen wir nicht ohne Grund annehmen, daß ihn der Vater, die Familie in die Synagogenschule, eine Art Elementarschule (Beth ha-Sefer), schickten. Dort lernten die Kinder Schreiben und Lesen, um jene Grammatik der Weisungen Gottes zu verstehen, durch die ihr Leben geformt werden sollte. Nach dem jüdischen Schriftsteller Josephus Flavius (*37 n. Chr.) konnte ein Jude alle Gesetze leichter vortragen „als seinen eigenen Namen" (contra Apionen I, 18) – gewiß eine fromme Übertreibung.

Jüdische Kinder, das hing mit der Schriftreligion Israels zusammen, lernten früh die Tora, um die Weisungen Gottes auch leben zu können. Das jüdische Kloster Qumran am Toten Meer hatte sogar ein Jungeninternat (nicht nur für die eigenen Familien), um sie religiös zu bilden. Das überliefert uns Josephus Flavius (Jüdischer Krieg II, 8.2).

Wir können für die Zeit Jesu einen vergleichsweise hohen Bildungsstand im religiösen Leben für weite Kreise der jüdischen Bevölkerung vermuten – zumindest was das Auswendigkennen der biblischen Haupttexte betrifft. Das war auch eine Folge der römischen Besatzung. Gegenüber dem Gegner machten sich die Juden „schlau". Der drohenden Überfremdung setzten sie das Studium der eigenen Tradition entgegen – und das war in der Hauptsache das Studium der hebräischen oder – in der Diaspora – der griechischen Bibel. Dabei wurde die Bibel – so etwa auch in Galiläa – in die aramäische Umgangssprache übersetzt, damit einfache Leute sie verstehen und behalten konnten.

Daß Juden in all den Jahrhunderten ihres Exils unter den Völkern überlebt haben, verdanken sie vor allem dieser Treue zu ihrer Bibel, die Christen „Altes Testament" nennen. Aber dieses „Alte Testament" ist die einzige Bibel Jesu. Das „Neue Testament" als biblisches Buch hat Jesus nicht gekannt.

20

Als ein in der Tora und den übrigen heiligen Schriften Israels bewanderter Bar-Mizwah, Sohn des Gesetzes, begegnet also der zwölfjährige Jesus den Schriftgelehrten im Tempel und bringt sie zum Staunen über sein „Verstehen und seine Antworten". Das ist mehr als nur das Auswendigsagen von hebräischen Texten. Es zeigt, so jedenfalls will Lukas es darstellen, daß er Rede und Antwort stehen kann über das, was er gelernt hat. Denn es ging nicht um ein mechanisches Auswendiglernen, sondern um tieferes Eindringen in den Sinn der Texte.

Neben dem schulischen Unterricht durch den Synagogendiener (Lukas spricht von ihm im Zusammenhang mit Jesu Auftritt in der Synagoge von Nazaret, und MARTIN LUTHER übersetzt Synagoge mit „Schule" – vgl. Lk 4, 20) waren es vor allem die Auslegungen der Schrift, die der jüdische Junge früh im Sabbatgottesdienst hörte. Und das konnten sehr unterschiedliche Auslegungen sein. Verschiedene Schulmeinungen standen nicht selten gegeneinander. Der Hörer mußte also früh lernen, damit umzugehen, daß es nicht eine einzig mögliche Auslegung der Schrift gab und schon gar nicht eine für alle Zeiten verbindliche. Insofern wurde er früh zu einer Auslegungstoleranz erzogen, was nicht ausschloß, die selbst für richtig erkannte auch verbindlich zu leben. „Der und der hat gesagt ..., ich aber sage euch ...", das hatte Jesus früh in den Ohren, ohne daß damit bei allem Ringen eine Exkommunikation für die andere Meinung verbunden gewesen wäre. Worüber disputiert ein Bar-Mizwah mit Schriftgelehrten im „Beth ha-Midrasch", im Schulhaus des Tempels?

Das Lukasevangelium gibt uns darüber keine nähere Auskunft. Aber aus der Bar-Mizwah-Feier und der damit verbundenen Aufnahme in die volle religiöse Mitgliedschaft wissen wir, daß es um die Hauptstücke der Tora ging, über die der Schüler Rechenschaft abzulegen hatte. Die spätere „Kindheitserzählung des Thomas" bestätigt das, wenn sie sagt: „Alle aber achteten auf ihn und wunderten sich, wie er ... ihnen die Hauptstücke des Gesetzes und die Sprüche der Propheten auslegte" (19, 2).

Auch hier gilt, daß trotz aller Umkehrung der Rollen (Jesus wird zum Lehrer, die Lehrer zu Schülern) der Inhalt der Belehrung und Befragung beim Bar-Mizwah-Fest festgehalten ist: „die Hauptstücke des Gesetzes und die Sprüche der Propheten". Zu den „Hauptstücken des Gesetzes" gehört aber zuerst das „Sch'ma Jissrael" (Höre, Israel!).

Auf das Wort der Mutter: „Kind, wie konntest du uns das antun?" gibt er die nicht besonders freundliche Antwort: „Warum habt ihr mich gesucht? Wußtet ihr nicht, daß ich in dem sein muß, was meinem Vater gehört?" (vgl. Lk 2, 49). Ausdrücklich vermerkt Lukas, daß seine Eltern das Wort, das er ihnen sagte, nicht verstanden – und das nicht nur in dieser Situation! Immerhin „bewahrte" seine Mutter alle diese Worte „in ihrem Herzen".

Was ist damit gemeint: „in den (Dingen?) meines Vaters sein muß", wie der griechische Urtext in wörtlicher Übersetzung sagt? Sicher ist damit nicht der Tempel gemeint. Aber was sind dann die (Dinge?) des Vaters? Was gehört dem Vater? Die Tora gibt die Antwort: „Höre, Israel! JHWH, unser Gott, JHWH ist einer. Darum sollst du den Herrn, deinen Gott, lieben, mit deinem ganzen Herzen, mit deiner ganzen Seele und mit deiner ganzen Kraft" (Dtn 6, 4f).

Der Bar-Mizwah, der Sohn des Gesetzes, hat seine Lektion gelernt. Davon kommt er jetzt nicht mehr los: „Gott ist einer"; und „den Herrn, deinen Gott, lieben" – ein Leben lang wird er suchen zu verstehen, was das für ihn heißt: „Gott zu lieben ..."

Was gehört Gott? Die Antwort, die das „Sch'ma" gibt, ist eindeutig: die ganze Liebe des Menschen. Später, als die Spitzel der Hohen Priester und Schriftgelehrten ihm die Steuermünze unter die Nase halten mit der Frage: „Ist es uns erlaubt, dem Kaiser Steuern zu zahlen, oder nicht?", gibt er ihnen die gleiche Antwort: „... gebt dem Kaiser,

was dem Kaiser gehört, und Gott, was Gott gehört!" (Lk 20,25). Dem Kaiser das Steuergeld und Gott die Liebe!
Aber Jesus sagt der besorgten Mutter: „... in dem sein muß, was meinem Vater gehört." Jesus sagt: „mein Vater." Wer hat ihn gelehrt, zu Gott „Vater" zu sagen? Wer hat ihn das „Abba", das er später offensichtlich so gerne gebraucht, gelehrt? Heißt für ihn „Gott lieben, mit ganzer Seele, mit ganzer Kraft" auch, zu Gott „Vater" sagen, „Abba" sagen? Wir werden diesen Fragen auf der Spur bleiben müssen. Für viele scheint das „Abba" den Rabbi aus Nazaret und von Karfarnaum geradezu ausgezeichnet zu haben.

In jenen Tagen kam Jesus
aus Nazaret in Galiläa
und ließ sich von Johannes
im Jordan taufen.
Markus 1,9

2 Was Jesus bei Johannes lernt und warum er ihn irritiert

Josef aus dem Hause Davids war der erste Lehrer Jesu. Beim Synagogenvorsteher von Nazaret ging Jesus in die Grundschule; Schriftgelehrte im Tempel gaben ihm eine höhere Schulbildung. Wahrscheinlich war es so. Jedenfalls ist Johannes der Täufer der Lehrer, den der erwachsene Jesus sich selbst aussucht; außerdem ist Jesus mit dem Täufer mütterlicherseits verwandt.
Natürlich wird Johannes im Neuen Testament nie der Lehrer Jesu genannt. Die Schülergemeinde Jesu hatte nach Ostern ohnehin ihre Probleme mit dem Verhältnis des Meisters zum Täufer. Warum hatte er sich überhaupt taufen lassen? Hatte er das nötig? Wenn von den wenigen handgreiflich-historisch beweisbaren Fakten außer seiner Kreuzigung ein Ereignis kaum zu leugnen ist, dann die Taufe Jesu durch Johannes. Sie war später theologisch nicht so leicht zu begründen: der erhöhte Herr – getauft? Das ist auch für Christen heute noch schwer verständlich, es sei denn, man versteht es so quer wie eine alte Lehrerin, die mir in einer Diskussion über das Judesein Jesu einmal zurief: Der Jude Jesus habe sich schließlich bekehrt und sei Christ geworden, getauft von Johannes. Soweit kann christliche Verbohrtheit gegen Jesu Judesein gehen.

25

Wer war Johannes? Lesen wir zunächst einen außerbibli-
schen Zeugen, den jüdisch-römischen Schriftsteller JOSE-
PHUS FLAVIUS: „Er (Johannes) war ein ehrenwerter Mann,
der die Juden zur Tugendübung begeisterte, zur Gerechtigkeit gegeneinander, zur Frömmigkeit gegen Gott und zum
Empfang der Taufe ermahnte" (Jüdische Altertümer XVIII,
5.2). Johannes hat, nach JOSEPHUS, eine große Menschen-
menge angezogen, die sich für seine Worte begeisterte.
Unter ihr war eines Tages auch der Verwandte, der Sohn
der Maria aus Nazaret: Jesus.
Wie wurde Johannes später zum Volksprediger? Für Johannes gilt sicher all das, was für Jesus und sein Elternhaus
auch gilt: Elisabet und Zacharias waren fromm, „sie lebten
so, wie es in den Augen Gottes recht ist, und hielten sich
in allem streng an die Gebote und Vorschriften des Herrn"
(Lk 1, 6), sagt Lukas. Diese Eltern haben ihrem Kind eine
religiöse Erziehung vermittelt. Sie taten das, was alle
Eltern versuchen: ihren Kindern das weiterzugeben, was
ihnen selbst im Leben viel bedeutet hat.
Wahrscheinlich kommt die ganze Vorgeschichte des Täufers, wie wir sie im ersten Kapitel des Lukasevangeliums
finden, aus der Überlieferung der Täuferjünger, der Johan-
nesjünger. Lukas hätte dann die Vorgeschichte Jesu paral-
lel dazu – mit wichtigen überbietenden Veränderungen –
literarisch und theologisch gestaltet und das möglicherweise unter dem Einfluß der Jesusfamilie.
Die Eltern des Johannes sind schon alt, als er geboren wird.
Die Ankündigung dieses Kindes verschlägt dem Vater die
Sprache: Er ist vorübergehend stumm. Die Art und Weise,
wie die ganze Vorgeschichte geschildert wird, wirft ein
bezeichnendes Licht auf das Milieu. Es ist stark endzeit-
lich-apokalyptisch geprägt. Eine große Rolle spielt in diesem Zusammenhang das Buch Daniel. Da taucht in den
biblischen Büchern zum ersten Mal der Bote Gabriel auf.
Er hat eine ganz bestimmte Aufgabe: Er ist der Bote der
Endzeit!

Zwei Stellen im Buch Daniel erwähnen ihn. Im achten Kapitel wird von einer Vision des Daniel in der Burg von Susa erzählt. Die Vision versteht Daniel nicht, sie macht ihn ratlos. Da hört er eine Menschenstimme, die ruft: „Gabriel, erkläre ihm (Daniel) die Vision" (Dan 8,16). Und Gabriel erklärt: „Mensch, versteh: Die Vision betrifft die Zeit des Endes" (Dan 8,17). Daniel wird vor Schreck ohnmächtig. Aber Gabriel stellt ihn auf die Beine und wiederholt: „Siehe, ich kündige dir an, was in der letzten Zeit, der Zeit des Zorns, geschehen wird; denn die Vision bezieht sich auf die Zeit des Endes" (Dan 8,19).
Daniel erhält dann eine Erklärung seiner Vision, die ihn so erschöpft, daß er mehrere Tage krank zu Bett liegt (vgl. Dan 8,27). Später sucht er „in den Schriften die Zahl der Jahre zu ergründen, die Jerusalem nach dem Wort des Herrn an den Propheten Jeremia verwüstet sein sollte; es waren siebzig Jahre" (9,2). Daniel legt daraufhin ein umfassendes Sündenbekenntnis für sich und sein Volk ab. Der Rückblick in die Geschichte zeigt nur eines: Treulosigkeit und Frevel Israels. Die Bundesschlüsse mit den Vätern spielen keine Rolle mehr. Die ganze Geschichte Israels mit seinem Gott ist eine Katastrophe der Schuld Israels. So bleibt nur: „Nicht im Vertrauen auf unsere guten Taten legen wir dir unsere Bitten vor, sondern im Vertrauen auf dein großes Erbarmen. Herr, erhöre! Herr, verzeih! Herr, vernimm das Gebet und handle! Mein Gott, auch um deiner selbst willen, zögere nicht! Dein Name ist doch über deiner Stadt und deinem Volk ausgerufen" (Dan 9,18f). Der Rückblick der Apokalyptiker in die Geschichte ist dunkel. Alles Licht wird nur von einer totalen Umgestaltung der bestehenden Verhältnisse, der politischen und religiösen, erwartet. Insofern ist der Apokalyptiker nie konservativ. Da das Gewesene total schlecht ist, hat er kein Interesse an einer Restauration, einer Wiederherstellung des Alten. Die „gute, alte Zeit" kennt der Apokalyptiker aufgrund seiner depressiven Grundstruktur nicht.

Ein zweites Mal taucht Gabriel als Bote der Endzeit auf: „Während ich noch redete und betete, meine Sünden und die Sünden meines Volkes Israel bekannte und meine Bitte für den heiligen Berg meines Gottes vor den Herrn, meinen Gott, brachte, während ich also noch mein Gebet sprach, da kam im Flug der Mann Gabriel, den ich früher in der Vision gesehen hatte; er kam um die Zeit des Abendopfers zu mir, redete mit mir und sagte: Daniel, ich bin gesandt worden, um dir klare Einsicht zu geben. Schon zu Beginn deines Gebets erging ein Gotteswort, und ich bin gekommen, um es dir zu verkünden; denn du bist (von Gott) geliebt. Achte also auf das Wort, und begreife die Vision!

Siebzig Wochen sind für dein Volk und deine heilige Stadt bestimmt, bis der Frevel beendet ist, bis die Sünde versiegelt und die Schuld gesühnt ist, bis ewige Gerechtigkeit gebracht wird, bis Visionen und Weissagungen besiegelt werden und ein Hochheiliges gesalbt wird" (Dan 9, 20 – 24).

Die Parallelen zu den Vorgeschichten des Johannes und zu Jesus im Lukasevangelium sind offensichtlich: Zacharias erhält zur Zeit des Opfers den Besuch des Endzeitboten Gabriel (vgl. Lk 1, 10). Und aus der Aufgabenbeschreibung des angekündigten Kindes wird klar, daß es eine Funktion in der Endzeit hat. Lukas, der Evangelist, geht in seiner Parallelisierung so weit, daß er die „siebzig Wochen" (Dan 9, 24) zum Zeitraster seiner Vorgeschichte macht. Denn von der Ankündigung der Geburt Johannes des Täufers bis zur Ankündigung der Geburt Jesu zählt er sechs Monate (vgl. Lk 1, 26), von der Ankündigung der Geburt Jesu bis zu seiner Darstellung im Tempel sind es neun Monate und vierzig Tage (vgl. Lk 2, 22). Der Monat mit dreißig Tagen gerechnet, ergibt die Zeitangaben des Lukas: 490 Tage = 70 Wochen. Der Augenblick, in dem Jesus von seinen Eltern in den Tempel gebracht wird, ist in lukanischer Sicht der Beginn der Endzeit. Es sind vierzig Tage nach seiner Geburt, als die Zeit der Reinigungsblutung Marias vorüber ist, wie es das levitische Gesetz vorsah (vgl. Levitikus 12).

Jetzt beginnt die „Versiegelung der Sünde", das Ende des Frevels, jetzt haben sich die alten Visionen und Weissagungen (Simeon, Hanna) erfüllt, jetzt ist die „ewige Gerechtigkeit" gebracht, jetzt, im Tempel, ist ein „Hochheiliges" gesalbt: dieses Kind Jesus. Und Gabriel, der Dolmetscher des Daniel, ist auch der Interpret des Zacharias – und der Mirjam von Nazaret.

Für uns heute ist diese endzeitlich-apokalyptische Einkleidung der biblischen Texte sehr fremdartig, befremdend unter anderem in ihren Zahlenspekulationen. Und dabei müssen wir auch damit rechnen, daß uns manche Anspielungen gar nicht auffallen, weil wir längst nicht den Überlieferungsprozeß und das Überlieferungsmaterial der biblischen Schriftsteller kennen. Was wir sehen, ist die berühmte „Spitze des Eisberges". Aber sie reicht schon aus, um die endzeitlich-apokalyptische Grundstimmung auszumachen, in der sich Johannes der Täufer, in der sich Jesus und seine Verwandten und Freunde bewegen. Sie haben sie „mit der Muttermilch" eingesogen. Die Luft war voll davon. Und manche glaubten, man könne diese „erfüllte Zeit" noch beschleunigen: durch Umkehr zur treuen Toraerfüllung – oder/und mit Waffengewalt.

In den Synagogen – vor allem auch in Galiläa mit seinen religiösen Widerstandsnestern gegen die römische Besatzung – zerbrachen sich die Schriftgelehrten den Kopf über solche Fragen. Und dabei spielten natürlich der Tempel und der reine Kult eine Rolle. Welche Funktion sollte der Tempel in der Endzeit haben, wenn etwa die große Wallfahrt und das Festmahl für die Völker begann, von denen einmal Jesaja geträumt hatte (vgl. Jes 25, 6 – 8)?

Vielleicht hat schon der zwölfjährige Jesus mit den Rabbinen in der Halle Salomos über diese Frage diskutiert. Jedenfalls scheinen sein Verhältnis zum Tempel und seine

Reden darüber später einmal der Auslöser zu sein für die tödliche Feindschaft, mit der die Tempelaristokratie ihm nachstellen wird. Lukas, der Evangelist, der sich in die ganze Tempeltheologie eingearbeitet hat, legt Jahrzehnte später Wert darauf, daß Jesus den Tempel nicht grundsätzlich abgelehnt hat, wie auch die Propheten bei aller Kritik nicht daran dachten, den Tempel für überflüssig zu erklären. Das letzte Wort des Lukasevangeliums ist ein Votum für den Tempel: „Und sie (die Jünger) waren immer im Tempel und priesen Gott" (Lk 24,53). Aber es bleibt auffällig, daß uns die Evangelisten nie ausdrücklich erzählen, daß Jesus im Tempel geopfert hat. Wenn er im Tempel auftaucht, dann „ging Jesus zum Tempel hinauf und lehrte" (Joh 7,14). Der Tempel ist für ihn seit dem zwölften Lebensjahr ein „Beth ha-Midrasch", ein Lehr- und Lernhaus geblieben.

Zurück zum Engel Gabriel, dem Endzeitboten aus dem Buch Daniel, der eines Tages „auf der rechten Seite des Rauchopferaltares" auftaucht, als Zacharias „zur festgelegten Zeit das Opfer darbrachte" (Lk 1,10f). Vielleicht hätte der Engel sofort sagen sollen, wer er ist – und Zacharias hätte ihm geglaubt. So findet Zacharias die Ankündigung eines Sohnes mit so endzeitlichen Charakterzügen („Er wird mit dem Geist und mit der Kraft des Elija dem Herrn vorangehen ... und das Volk für den Herrn bereitmachen") zunächst etwas seltsam: „Woran soll ich erkennen, daß das wahr ist? Ich bin ein alter Mann, und auch meine Frau ist in vorgerücktem Alter" (Lk 1,18). Erst jetzt lüftet der Engel sein Inkognito: „Ich bin Gabriel, der vor Gott steht, und ich bin gesandt worden, um zu reden und dir diese frohe Botschaft zu bringen" (Lk 1,19). Nun weiß Zacharias, „was die Stunde geschlagen hat". Wenn er sich im apokalyptischen Milieu auskannte, mußte es ihm beim Namen Gabriel wie Schuppen von den Augen fallen: Endzeit war angesagt!

Längst werden wohl manche, die sich eine historisch-kri-

tische Sicht- und Leseweise der Bibel angeeignet haben,
sagen: Aber das ist doch alles theologisch-literarische Einkleidung des Lukas und seiner Überlieferung(en). Sie ist
es! Aber sie zeigt dennoch, aus welchem religiösen Umfeld
Johannes und Jesus kommen. Und mit diesem apokalyptischen Milieu, das Lukas offensichtlich gut kennt und das
er „von Grund auf sorgfältig" studiert hat (vgl. Lk 1,3),
müssen sich die beiden heranwachsenden Männer Johannes und Jesus auseinandersetzen, um dazu eine je eigene
Stellung zu finden.

Zacharias ist die Sache unheimlich. Zur Strafe, auch das
gehört zum apokalyptischen „Inventar", wird er vorübergehend mit Stummheit geschlagen. Ungestraft zweifelt
keiner ein Wort des Gottesboten der Endzeit an. Außerdem müßte Zacharias, schriftkundig, wissen, daß seit
jener denkwürdigen Begegnung in der Mittagshitze bei den
Eichen von Mamre zwischen Gott und dem alten Ehepaar
Abraham und Sara, bei dem es auch um die Ankündigung
einer Geburt geht, „nichts unmöglich für den Herrn" ist
(vgl. Genesis 18,14). Dennoch könnte Zacharias später
verärgert sein. Die junge Verwandte seiner Frau, Mirjam
aus Nazaret, die der gleiche Engel aufsucht, kann die Frage
„wie soll das geschehen?" ungestraft stellen (vgl. Lk 1,34).
Sie erhält nur eine Belehrung darüber, daß „für Gott nichts
unmöglich" ist. Das überzeugt sie – und sie läßt sich auf
diesen „unmöglichen Gott" ein. Zacharias kommt, als
Priester im religiösen Rang dem Mädchen von Nazaret weit
überlegen, in der Behandlung durch den apokalyptischen
Gesandten schlechter weg. Der Priester mußte die Tora
kennen, das Mädchen nicht; deshalb erhält es nur eine
„Belehrung". Offenbar geschieht aber in dieser ungleichen
Behandlung auch schon die Umwertung aller menschlichen Ordnung, der „Sturz der Mächtigen", die „Erhöhung
der Niedrigen" – Zeichen des endzeitlichen Umsturzes.
Um diesen Umsturz vorzubereiten, macht Gabriel seine
beiden Besuche, und seine Mission ist erfolgreich.

31

Johannes macht eine apokalyptisch-endzeitliche Karriere, die dann aufgrund eines unvorsichtigen Versprechens eines betrunkenen Königs jäh abbricht (Mk 6, 17 – 29). In seinem Jüngerkreis hat man festgehalten, daß er keinen „Wein und andere berauschende Getränke" zu sich genommen hat (vgl. Lk 1, 15). Darin wird ihm sein Schüler Jesus nicht folgen. Als Johannes sich der Öffentlichkeit präsentiert, trägt er ein Gewand „aus Kamelhaaren und einen ledernen Gürtel um seine Hüften, und er lebte von Heuschrecken und wildem Honig" (Mk 1, 6) – er lebt eben in der Wüste, die durchaus in der Lage ist, ihre Bewohner zu ernähren, wie Wüstenmönche und Einsiedler aller Zeiten bewiesen haben.

Was will dieser „schon im Mutterleib" vom Heiligen Geist erfüllte Mann (vgl. Lk 1, 15)? Die Hagiographie des Lukas und seine Tradition haben die spätere Predigt des Täufers in gut theologischer Absicht in die Worte des Gabriel an Zacharias zurückverlegt: „Viele Israeliten wird er zum Herrn, ihrem Gott, bekehren" (Lk 1, 16). Das stimmt mit dem Zeugnis des JOSEPHUS FLAVIUS überein. Aber Lukas läßt Gabriel noch mehr sagen: „Er wird mit dem Geist und der Kraft des Elija dem Herrn vorangehen, um das Herz der Väter wieder den Kindern zuzuwenden und die Ungehorsamen zur Gerechtigkeit zu führen und so das Volk für den Herrn bereitzumachen" (Lk 1, 17).

Die letzten Worte des Propheten Maleachi tauchen am Beginn der neutestamentlichen Geschichte wieder auf: „Bevor aber der Tag des Herrn kommt, der große und furchtbare Tag, seht, da sende ich zu euch den Propheten Elija. Er wird das Herz der Väter wieder den Söhnen zuwenden und das Herz der Söhne ihren Vätern, damit ich nicht kommen und das Land dem Untergang weihen muß" (Mal 3, 23 f). Hier treffen wir auf die Vorstellung, daß es „höchste Zeit" ist. War schon der Gottesbote Gabriel selber ein Zeichen der drängenden Zeit und Grund genug, sich auf das Ende vorzubereiten, so bestätigt Gabriel durch seine Anspielungen auf den Propheten Maleachi und darin auf Elija diesen Eindruck: Die letzte Stunde hat geschlagen! Und genau das will Johannes den Menschen beibringen: „Der große und furchtbare Tag" des Herrn steht vor der Tür. Wenn ihr dem drohenden Untergang entkommen und überleben wollt, dann müßt ihr euch bekehren. Das äußere Zeichen dieser Bekehrung ist die Taufe. Jesus hat sich von Johannes taufen lassen. Was ist dieser Taufe vorausgegangen?

Eines Tages war Jesus bei Johannes „aufgetaucht". Nach dem Johannesevangelium war das „in Betanien, auf der anderen Seite des Jordan, wo Johannes taufte" (Joh 1, 28). Bekannt ist Betanien in der Nähe von Jerusalem, der Heimatort der Geschwister Marta, Maria, Lazarus. Über die Lage von „Betanien, auf der anderen Seite des Jordan" gibt es viele Vermutungen. Möglicherweise – so sagen einige Exegeten – handelt es sich nicht einmal um eine Ortschaft, sondern um ein ganzes Gebiet, nämlich Batanaea, das im Bereich des südlichen Golan, also im Norden Israels zu suchen ist. Später treffen wir dann Johannes den Täufer „in Änon bei Salim" (Joh 3, 23), diesseits des Jordan. Das Markusevangelium legt nahe, die Taufstelle des Johannes weiter im Süden, in die Nähe von Jericho und Qumran zu lokalisieren, weil „ganz Judäa und die Einwohner von Jerusalem" (Mk 1, 5) zu ihm hinausziehen.
Es ist gut vorstellbar, daß der Täufer gewandert ist: von Norden nach Süden, um alle Kinder Israels mit seiner Umkehrpredigt zu erreichen. Das wäre ein deutlich messianisches Zeichen gewesen. Jesus wird später diese Wanderung von Norden nach Süden – das Ostjordanland inbegriffen – machen: Von Caesarea Philippi nach Jerusalem. „Von Dan bis Beerscheba" (1 Samuel 3, 20) – das war sprichwörtlich in Israel und meinte das Gebiet des ganzen Zwölfstämmevolkes. Johannes und Jesus wollten Israel sammeln – jeder auf seine Weise – und es für den Tag des Herrn vorbereiten. Im Hintergrund stand die Gestalt des

33

Propheten Elija, den Gott nach Damaskus geschickt hatte
(vgl. 1 Könige 19, 15) und der sich, wie später sein Schüler
Elischa, in der nördlichen Gegend aufhält. In der Sicht des
Lukasevangelisten ist Johannes der, der „mit dem Geist
und mit der Kraft des Elija dem Herrn vorangehen" wird
(Lk 1, 17). Möglicherweise konnte Lukas eine solche
Anspielung auch deshalb machen, weil die Überlieferung
um diesen messianischen Zug des Johannes von der Nord-
grenze Israels in Richtung Süden wußte.

Daß sich „Betanien, auf der anderen Seite des Jordan" im
Norden befand, also in der Nähe von Galiläa, würde auch
gut erklären, warum sich unter den Johannesjüngern Männer wie die Fischer Petrus und Andreas befanden, die
schon aus beruflichen Gründen wenig im Süden verloren
hatten. Einem messianischen Wanderprediger in ihrer
näheren Nachbarschaft konnten sie sich gut anschließen.
Was aber faszinierte sie an Johannes dem Täufer? Was
lockte auch Jesus in seine Nähe?

Hören wir Johannes predigen, wie es uns Lukas überliefert, dann verkündet er eine sehr praktische Torafrömmigkeit. Als die Leute ihn fragen, was sie denn tun sollen,
antwortet er ihnen: „Wer zwei Gewänder hat, der gebe
eines davon dem, der keines hat, und wer zu essen hat, der
handle ebenso" (Lk 3, 11). Den Zöllnern sagt er: „Verlangt
nicht mehr als festgesetzt ist" (Lk 3, 13). Die Soldaten
hören von ihm: „Mißhandelt niemand, erpreßt niemand,
begnügt euch mit eurem Sold!" (Lk 3, 14).

Damit wird keiner überfordert. Jeder soll das tun, was ihm
möglich ist und seinem Stand entspricht. Verständlich,
daß „das Volk in Scharen zu ihm hinaus" geht und sich
taufen läßt (Lk 3, 7); verständlich, daß alle Leute zu ihm
kommen: Er hatte eine handfeste Moral, so wie wir sie
auch bei den Pharisäern finden. Aber diese Moral ist einge-
bettet in einen apokalyptisch-endzeitlichen Rahmen: Vom
Gericht ist die Rede. Johannes macht den Menschen „die

Hölle heiß". Er kündigt einen an, der „stärker" ist als er, der mit Heiligem Geist und mit Feuer tauft: „Schon hält er die Schaufel in der Hand, um die Spreu vom Weizen zu trennen und den Weizen in seine Scheune zu bringen; die Spreu aber wird er in nie erlöschendem Feuer verbrennen" (Lk 3, 16 – 18).

Johannes – das ist eine Mischung von Höllenpredigt und Einladung, die letzte Chance wahrzunehmen. Denn anders als radikalere Kreise, die keine Chancen mehr gaben, dem Feuergericht zu entgehen, öffnet Johannes die Tür noch einen Spalt: „Bringt Früchte hervor, die eure Umkehr zeigen..." (Lk 3,8). An der Umkehr hängt alles. Mit ihr kann der Mensch noch im letzten Augenblick dem „furchtbaren Tag" (Mal 3,23), dem Untergang entgehen. Johannes ist human. Das macht seine Anziehungskraft aus. Mit Anstrengung, aber durchaus im Rahmen des Menschenmöglichen, ist das Gericht zu bestehen. Die Berufung auf Abraham allein läßt er nicht gelten: „Fangt nicht an zu sagen: Wir haben ja Abraham zum Vater. Denn ich sage euch: Gott kann aus diesen Steinen Kinder Abrahams machen" (Lk 3,8).

Lukas hat den Auftritt Johannes des Täufers redaktionell gestaltet, was aber nicht dagegen spricht, die Überlieferungen, die über Johannes wahrscheinlich aus seinem Jüngerkreis kamen, als einigermaßen korrekt anzusehen.

In den letzten vierzig Jahren ist in der Bibelwissenschaft die Frage intensiv diskutiert worden, ob Johannes zu jener jüdischen Gruppe der „Reinen", der „Söhne des Lichtes" gehörte, deren Kloster Qumran durch die Schriftenfunde am Toten Meer berühmt geworden ist. Qumran steht für eine ganze Bewegung, die als heilige und reine Gemeinde nicht nur in der Nähe des Toten Meeres am Rande der judäischen Wüste lebte. Die Frömmigkeitsbewegung, deren geistliches und geistiges Zentrum Qumran war, hatte Mitglieder und Sympathisanten im ganzen Land – auch, wie

35

wir heute annehmen, im Land östlich des Jordan bis nach Damaskus hinauf. Außerdem war das Kloster in herodianischer Zeit vorübergehend zerstört und verlassen. JOSEPHUS FLAVIUS und neuere archäologische Funde lassen uns vermuten, daß ein Teil der Mitglieder in einem gesonderten Quartier auf dem Südwesthügel von Jerusalem gesiedelt hat.

Die Wurzel dieser endzeitlich gestimmten Gemeinde lag zeitlich in den dreißiger Jahren des zweiten Jahrhunderts v. Chr. Damals war eine Gruppe von Frommen unter dem „Lehrer der Gerechtigkeit", einem Priester, aus Jerusalem und dem Tempel ausgezogen, weil die Stadt und der Tempel für sie unrein geworden waren. Schreckliches war geschehen: Der reine Tempelkult wurde nicht mehr praktiziert; die Tora wurde selbst in der religiösen Hierarchie nicht mehr gehalten. Denn unter den regierenden Hasmonäern hatten sich Politik und Religion so vermischt, daß die Frommen für den hasmonäischen Herrscher, der gleichzeitig auch Hoherpriester sein wollte, nur die Bezeichnung „Frevelpriester" hatten. Welcher Hasmonäer dieser „Frevelpriester" war, ist nicht klar – vielleicht war es Johannes Hyrkan (134 – 104 v. Chr.).

Die „Aussteiger" von Qumran waren entschiedene Leute, Menschen, die ein hohes religiöses Ethos hatten. Sie bemühten sich, in radikaler Weise die Weisungen Gottes zu leben, in aller Konsequenz, auch wenn das Joch der Tora dadurch lastend werden konnte. In ihrem apokalyptischen Weltbild tobte im Himmel und auf Erden ein Kampf zwischen „Licht" und „Finsternis", der jetzt in seine Endphase getreten war. Es war ein totaler Kampf, der den ganzen Kosmos und seine Ordnungen erschütterte. Die religiösen und politischen Ordnungen waren Werkzeuge für die eine oder andere Seite.

Im Grunde ist das Weltbild der Apokalyptiker dualistisch, wenn auch für Qumran galt: „Höre Israel! JHWH, unser Gott, JHWH ist einzig!" Der Dualismus lag „eine Etage tiefer". Die Himmelswelt war gespalten. Das Heer der Engel war zerstritten: Engel des Lichtes standen gegen Engel der Finsternis. Der Streit war wegen des Menschen entbrannt. Ein Teil der Engel, so erzählen es die apokalyptischen Schriften, hatte Gott den Gehorsam gekündigt, weil sie nicht zu Boten für den Menschen degradiert werden wollten. Die Feindschaft galt dem Menschen, diesem „Klumpen Lehm", der später als die Engel erschaffen worden war.

Gott aber hatte sich für den „Lehm" entschieden. Jetzt tobte der Kampf... Der Mensch mußte sich in diesem Kampf entscheiden. Für die „Söhne des Lichtes" war die Entscheidung klar. Die Mächte der Finsternis traten zudem als Ankläger (Satan) des Menschen vor Gottes Thron. Für die Qumran-Frommen würde Gott bald dem Toben der Mächte und Mächtigen im Himmel und auf Erden ein Ende bereiten. Das wird dann die Stunde, in der die Reinen wie Sterne vor aller Welt leuchten werden.

Qumran hat, bis zu seiner Zerstörung durch die Römer, nahezu 200 Jahre auf das Kommen Gottes gewartet und mußte ständig – wie später auch die Christengemeinde – mit der „Verzögerung" leben. Es ist die Größe von Qumran, durch das „Ausbleiben" des Kommens Gottes nicht im Unglauben zu enden. Die Tragik liegt darin, daß am Ende nicht die Gerichtsengel über die Römer kamen, sondern römische Soldaten die Mitglieder der „reinen" Gemeinde vertrieben und Qumran zerstörten. Damit hatte aber auch die Gemeinde aufgehört zu existieren. Als Araber und Juden 1900 Jahre später einen Teil der Klosterbibliothek fanden, geschah eine kleine, sehr späte und nur teilweise Wiedergutmachung der Geschichte.

Wie nah oder fern Johannes zu Qumran oder damit verwandten Gruppen in Israel gestanden hat, kann offenbleiben. Jedenfalls teilte Johannes mit Qumran die Vorstellung von der Nähe des göttlichen Kommens und glaubte, nur eine radikale Umkehr könne die Rettung vor dem göttlichen Gericht bringen. Anders als Qumran scheint er in seinen Forderungen nicht ganz so rigoros gewesen zu sein. Er ermahnte die Menschen im Rahmen ihrer Möglichkeiten. Er forderte wohl auch keine Ehelosigkeit oder sonstige asketische Hochleistungen und eröffnete damit – anders als Qumran – dem ganzen Volk die Rettung – unter der Voraussetzung der Umkehr.

Was hat nun Jesus bei Johannes dem Täufer gelernt? Bei Johannes kommt Jesus mit allen möglichen Leuten zusammen und hört: Die große Revolution Gottes, der Umsturz, die totale Veränderung der Welt komme bald. Er hört aber auch: Für alle in Israel gäbe es noch eine Rettung, sofern die Weisungen Gottes wieder Maßstab des Handelns würden. Diese Predigt scheint Jesus überzeugt zu haben. Die Grundgedanken sind ihm aus seinem torafrommen und auch endzeitlich geprägten Milieu nicht fremd. Verständlich, wenn es ihn deswegen zu Johannes trieb. Im apokryphen Nazaräerevangelium, einer Schrift aus der Mitte des zweiten Jahrhunderts n. Chr., die in der Nähe des Matthäusevangeliums steht, sagen die Mutter und die Brüder zu Jesus: „Johannes der Täufer tauft zur Vergebung der Sünden; laßt uns hingehen und uns von ihm taufen lassen" (vgl. HIERONYMUS, adv. Pelag. III, 2). Es werden ganze Familien gewesen sein, die sich zu Johannes begaben. Darunter waren wahrscheinlich auch Mitglieder der Jesusfamilie. Jesus bekommt erst später Schwierigkeiten mit seiner Familie, als sie ihn zur Ordnung rufen will, weil er sich in Kafarnaum niederläßt. Offensichtlich hat sich in der Familie der Eindruck verstärkt, er liege nicht mehr auf der Linie des Johannes. Und Johannes signalisiert selbst aus dem Gefängnis seine Zweifel, ob Jesus denn „der Kommende" sei (Lk 7, 18 – 23).
Aber zunächst ist Jesus von der Botschaft des Täufers beeindruckt. Deshalb läßt er sich taufen. Bei dieser Gelegenheit freundet er sich mit Leuten aus dem Jüngerkreis des

Johannes an. Mit ihnen wird er nach der Gefangennahme des Johannes neu anfangen.

Johannes selbst scheint ihn als seinen „Nachfolger" angesehen zu haben: „Es kommt aber einer, der stärker ist als ich ..." (Lk 3, 16). Diese Aussage des Täufers schließt ein Lehrer-Schüler-Verhältnis nicht aus. Wie viele Schüler wurden später berühmter als ihre Lehrer? Und gute Lehrerinnen und Lehrer können das ohne Neid anerkennen – vor allem dann, wenn ihnen nicht so sehr an der eigenen Person liegt als vielmehr an den Schülerinnen und Schülern und an der Lehre.

Johannes ging es darum, „ganz Israel" zu sammeln und vor dem Tag des Zorngerichtes Gottes zu bewahren. Dieses Anliegen glaubte er offensichtlich bei Jesus gut aufgehoben. Und zunächst gab es auch keinen Grund, daran zu zweifeln. Im Gegenteil: Johannes konnte bei Jesus Züge entdecken, die ihn vermuten ließen, Jesus sei tatsächlich „stärker" als er. Im Johannesevangelium sieht der Täufer in Jesus die größere charismatische Begabung. Er sagt von Jesus: „... er, der mich gesandt hat, mit Wasser zu taufen, er hat mir gesagt: Auf wen du den Geist herabkommen siehst, und auf wem er bleibt, der ist es, der mit dem Heiligen Geist tauft" (Joh 1, 33). Johannes muß den Eindruck gehabt haben, Jesus könne noch drängender, noch geist-begabter die Menschen zur Umkehr führen als er (vgl. Lk 3, 17).

Gerichtsrede – Gottes Zorntag – Umkehr und Buße..., das waren die Stichworte, die Johannes seinem Schüler Jesus vorgab. Offensichtlich deutete für Johannes nichts darauf hin, Jesus würde die Situation anders beurteilen und die Akzente neu setzen. Johannes hätte die Menschen auf Jesus wohl kaum aufmerksam gemacht, wäre er nicht überzeugt gewesen, der Mann aus Nazaret hätte in seinem Sinne gepredigt und gehandelt, um Israel aus dem Gericht Gottes zu retten. Aber genau gesehen, nahm Jesus zunächst keines der Stichworte an dem Tag auf, an dem Johannes zum Schweigen gebracht wurde. Die Botschaft Jesu war, als er seinen Mund auftat, ein Trostwort, kein Drohwort.

Wiederum klassisch kurz und einprägsam hat Lukas das in einer Gegenüberstellung gestaltet. Als Jesus, „erfüllt von der Kraft des Geistes, nach Galiläa" kommt und in Nazaret, „wie gewohnt, am Sabbat in die Synagoge" geht (Lk 4, 16), da „reichte man ihm das Buch des Propheten Jesaja. Er schlug das Buch auf und fand die Stelle, wo es heißt: Der Geist des Herrn ruht auf mir; denn der Herr hat mich gesalbt. Er hat mich gesandt, damit ich den Armen eine gute Nachricht bringe; damit ich den Gefangenen die Entlassung verkünde und den Blinden das Augenlicht; damit ich die Zerschlagenen in Freiheit setze und ein Gnadenjahr des Herrn ausrufe" (Lk 4, 17 – 19).

Johannes kündigt den endzeitlichen Propheten an, der den Tag des Zornes Gottes heraufführt – und es kommt der Geistgesalbte, der das Gnadenjahr des Herrn ausruft. So jedenfalls stellt es Lukas in dieser Gegenüberstellung durch die Verbindung zweier Jesajazitate dar (vgl. Jes 61, 1 f; 58, 6). Möglicherweise war das Jahr des Auftretens Jesu ein Jobeljahr (vgl. Lev 25, 8 – 19).

Besonders deutlich wird der Unterschied im Blick auf die von Jesus ausgesuchte Jesajastelle in Kapitel 61, 2. Denn dort ist nicht nur vom „Gnadenjahr des Herrn" die Rede, da spricht der Prophet auch im unmittelbaren Anschluß daran vom „Tag der Vergeltung unseres Gottes" – und gemeint ist die Vergeltung Gottes an den Feinden Israels, die Umkehrung der Verhältnisse: Die Fremden, die Israel in die Verbannung nach Babylon geführt haben oder wohin auch immer, sie werden Israels Herden weiden, „Ausländer sind eure Bauern und Winzer" (Jes 61, 5). Ein Drohwort also!

Unmittelbar vor dem Wort vom „Tag der Vergeltung unseres Gottes" bricht Jesus die Lesung ab und bestätigt: „Heu-

te hat sich das Schriftwort, das ihr eben gehört habt, erfüllt" (Lk 4, 21). Erfüllt hat sich das Wort vom „Gnadenjahr des Herrn". Nicht erfüllt hat sich das andere Wort
vom „Tag der Vergeltung" an den Völkern – das ist Jesu
Überzeugung. Die Rettung der einen soll nicht auf Kosten
der anderen gehen.

Ohne dem Lehrer zu widersprechen und doch in deutlicher
Abhebung von ihm, meldet sich in dieser vom Lukasevangelisten gestalteten Szene eine andere Richtung an, die Jesus das unverwechselbare Profil gibt, aber auch den Täufer
noch einmal in seiner Eigenart kennzeichnet, jedenfalls
so, wie ihn die Evangelisten sehen. Von daher wird auch
die spätere Verwirrung des Täufers verständlich, die ihn
im Gefängnis erfaßt haben muß. Durch seine Jünger hört
er von Jesu Wirken; vielleicht ließ er ihn auch beobachten
– den wichtigsten Schüler, den er hatte. Er wollte wissen,
was Jesus aus seiner Botschaft machte. Und der Täufer
hörte Töne, die ihn ärgerten. So hatte er es nicht gemeint.
Wahrscheinlich wird er über Jesus gedacht haben: Der hat
den Ernst der Situation nicht begriffen. Die Menschen
muß man anders, härter anpacken.

Johannes hatte Angst. Er war überzeugt: Gott läßt mit sich
nicht spaßen. Ein Gnadenjahr des Herrn? – das kam danach. Zunächst mußten die Menschen sich ändern, die
Tora erfüllen. Das zu können war allein schon Gnade genug. Gott läßt mit sich nicht spaßen... Vielleicht dachte
Johannes auch an die Mönche in der Wüste, in Qumran,
für die, aufgrund ihres extrem apokalyptischen Weltbil-
des, diese alte, unrein gewordene Welt zuerst vergehen
mußte, ehe Gott eine neue heraufführte.

Johannes konnte in der Botschaft Jesu zu wenig Forderungen hören. Und so bekam er Zweifel. Seine Schüler fragten
den ehemaligen Mitschüler Jesus: „Johannes der Täufer
hat uns zu dir geschickt und läßt dich fragen: Bist du der,
der kommen soll, oder müssen wir auf einen anderen warten?" (Lk 7, 19). Die Frage war hart. Sie zeigt die Tiefe der

Krise in der Beziehung der beiden Männer, die Jesus durch sein Verhalten hervorruft. Der Lehrer erkennt sich plötzlich nicht mehr im Schüler wieder, auf den er doch so große Hoffnung gesetzt hat. Er sieht sein Anliegen nicht mehr vertreten. In der Frage liegt auch die andere: Muß ich mir einen anderen Schüler suchen, der meine Sache fortsetzt und die Menschen aufrüttelt?

Johannes geht es um die Menschen, um ihre Rettung. Um ihretwillen hat er das Land von Norden nach Süden, das alte Gebiet der Zwölfstämme durchwandert, um Israel im Zeichen der Buße zu sammeln, wie es vor ihm andere Prophetinnen und Propheten taten. Jetzt, als er im Gefängnis war, hatte er gehofft, Jesus werde seine Mission fortsetzen. Er setzte sie fort, aber deutlich anders. Mehr als durch Herodes, der ihn gefangenhielt, sah Johannes jetzt sein Werk durch den Schüler gefährdet, den geistbegabten Schüler. Der heilte Kranke, befreite Menschen von allerlei dämonischen Mächten und Abhängigkeiten, öffnete ihnen die Augen und Ohren und machte Lahmen wieder Beine..., ohne daß sie vorher Werke der Umkehr gezeigt hätten, jedenfalls keine von den für Johannes wichtigen.

Was Jesus lebte und praktizierte, war gedacht für den „Tag danach" – den Tag nach dem Zorngericht Gottes, wenn die Spreu verbrannt und der Weizen gesammelt war. Aus der Perspektive des Johannes bot Jesus das Reich Gottes „unter Preis" an. Jesus tröstete, wo Johannes drohte. Der Unterschied war nicht nur ein pädagogischer: Wie packt man die Menschen am besten an? Der Unterschied lag tiefer. Er war zutiefst im Gottesbild der beiden Männer verwurzelt. Johannes mußte an Jesus irre werden. Und von Hause aus war die Entwicklung, die Jesus genommen hatte, nicht ohne weiteres klar. Was hatte die „Bekehrung" Jesu zu den Menschen ausgelöst? Warum machte er den Armen, anders als Johannes, der sie ja auch retten wollte, nicht die „Hölle heiß"? Er verkündete zunächst eine frohe Botschaft, ein Evangelium. Warum beschwor Jesus nicht den Tag des Zornes Gottes, sondern ein Gnadenjahr des Herrn – ohne jede Vorbedingung? Glaubte er nicht an den Zorn Gottes? Hatte er einmal daran geglaubt und glaubte jetzt nicht mehr daran?

Wo Johannes deutlich in der Linie alttestamentlicher Gerichtsproheten (z. B. Amos, Jeremia) und der endzeitlich-apokalyptischen Zeitgenossen stand, läßt sich bei Jesus eher die Linie Hosea – Jesaja feststellen. Johannes war also nicht der einzige Lehrer Jesu gewesen; er hatte offenbar noch eine andere Schule besucht.

Die Antwort Jesu an Johannes ist knapp. In miteinander verbundenen Jesajazitaten antwortet er: „Geht und berichtet Johannes, was ihr gesehen und gehört habt: Blinde sehen wieder, Lahme gehen, und Aussätzige werden rein; Taube hören, Tote stehen auf, und den Armen wird das Evangelium verkündet. Selig ist, wer an mir keinen Anstoß nimmt" (Lk 7, 22 f).

Später, als sich die Boten des Johannes entfernt haben, nimmt Jesus der Menge gegenüber Stellung zu Johannes dem Täufer. In diesem Wort wird der Respekt Jesu deutlich, aber auch die Abgrenzung. Der Lehrer ist zum Vorläufer geworden: „Er ist der, von dem es in der Schrift heißt: Ich sende meinen Boten vor dir her, er soll den Weg für dich bahnen" (Lk 7, 27; vgl. Ex 23, 20; Mal 3, 1).

Gewiß spielt in diese Sicht auch die nachösterliche Betrachtungsweise der christlichen Auseinandersetzung mit den Johannesjüngern hinein, aber im Ansatz dürfte die so gefaßte Abgrenzung zwischen Jesus und Johannes dem Täufer ihren Bezugspunkt im Leben Jesu selbst gehabt haben. Damit stellt sich noch einmal die Frage: Weshalb setzt sich Jesus von seinem Lehrer ab? Und welchen Lehrer hat Jesus noch gehabt, der ihm den Mut gibt, anders zu sein?

Er lebte bei den wilden Tieren,
und die Engel dienten ihm.
Markus 1, 13

3 Woher Jesus sein Vertrauen nimmt und wie er die Wüste besteht

Die Erfahrungswissenschaften vom Menschen, vor allem die Pädagogik und Psychologie, sagen uns sehr eindringlich, die ersten Lebensjahre würden einen Menschen entscheidend prägen: wie er empfangen worden ist; ob die Eltern ihn bejaht haben; wie das soziale Milieu gewesen ist, in dem er aufgewachsen ist; ob seine Umgebung ihm Mut zum Leben gemacht hat; ob er mit seinen Fragen und Ängsten ernstgenommen worden ist... Die Religionspädagogik, die diese Erkenntnisse aufgreift und unter religiöser Fragestellung weiterbedenkt, hat längst Erfahrungen darüber gesammelt, wie stark unser Gottes- und Menschenbild in diesen ersten Lebensjahren beeinflußt wurde durch die Weise, wie wir Mutter und Vater erlebt haben – oder auch, welches Gottesbild uns in den ersten Lebensjahren durch die Bezugspersonen vermittelt worden ist. Es ist längst kein Geheimnis mehr, daß ein Mensch, der eine negative Vatererfahrung gemacht hat, schwerer Zugang zu Gott-Vater findet als der, dessen Vatererfahrung insgesamt gut war. Wer nicht gelernt hat, sich mit den Eltern auseinanderzusetzen, wird sich auch schwertun, mit Gott zu streiten. Wer erfahren hat, wie die väterliche oder mütterliche Autorität als unanfechtbar verteidigt wurde („so-

45

lange du deine Füße unter meinen Tisch setzt..."), der wird die absolute Autorität Gottes allzuoft als erdrückend erleben.

Andererseits, auch das lehrt die Erfahrung, trennen sich Menschen, die sich von der elterlichen Autorität radikal abwenden, oft auch von Gott. In seelsorglichen Gesprächen begegnet die Ablehnung Gottes vielfach in der Verbindung mit einer massiven Ablehnung des Vaters oder der Mutter.

Das Wissen um die innere Verbindung zwischen Gottes- und Menschenerfahrung ist uralt. In biblischer Zeit finden wir das Wissen vor allem in der Weisheitsliteratur Israels zum Ausdruck gebracht. Die Psalmen sind eine Fundgrube dafür.

Die Beterinnen und Beter, die durch die Menschen Bedrängnis erfahren, erleben sich auch häufig von Gott verlassen. Schwierige Erfahrungen mit Menschen stellen auch den Glauben in Frage. Ob das immer bewußt ist: Wenn wir Menschen belasten, führen wir sie, ob wir wollen oder nicht, häufig in eine Glaubensbelastung? In einer menschlichen Auseinandersetzung kann einer an seinem Gottesglauben irre werden. Ein Frommer Israels hat das z. B. in Psalm 6 zum Ausdruck gebracht: „Meine Seele ist tief verstört. Du aber, Herr, wie lange säumst du noch?" (Ps 6,4). Der Zusammenhang des Psalms macht deutlich: Der Beter hat Feinde, die ihn bedrängen. Er erlebt diese Bedrängnis aber zugleich intensiv als Abwesenheit Gottes: „Herr, wende dich mir zu..." (Ps 6,5). In erschütternder Weise bringt das auch der Psalm 43 zur Sprache: „Warum hast du mich verstoßen? Warum muß ich trauernd umhergehen, von meinem Feind bedrängt?" (Ps 43,2).

Die Bedrängnis und Verstoßung durch Menschen wird gleichzeitig als Gottesverstoßung erlebt. Dahinter steht ein sehr ganzheitliches Lebensgefühl, in dem die Erfahrungen nicht auseinandergelegt werden. Immer ist der ganze Mensch betroffen. Früher wurden Eltern oft als „Stellver-

46

treter Gottes auf Erden" für ihre Kinder bezeichnet. Dieses Wort ist auf eine vielfältige Weise wahr: In der Begegnung mit unseren Eltern hat sich auch unser grundlegendes Gottesbild geprägt – in gutem und in belastendem Sinn. Das freundliche Gesicht der Mutter und des Vaters, das sich über uns gebeugt hat, war die Botschaft: Gott hat ein freundliches Gesicht. Da uns aber das Gesicht der Mutter oder des Vaters nicht nur freundlich angeblickt hat, haben wir auch gelernt, daß Gott nicht nur „lieb" ist.

Die Bibel hält also viele Menschen- und Gotteserfahrungen bereit, die wir uns heute wieder mühsam – zum Teil durch die Profanwissenschaften, zum Teil durch bittere Erfahrung – aneignen müssen.

Jesus macht, wie wir alle, grundlegende Menschen- und Gotteserfahrungen in seinem Elternhaus und in der (Synagogen-)Schule (von Nazaret). Das Matthäus- und Lukasevangelium lassen durch alle theologische Erzählabsicht hindurch ahnen, daß die mütterliche Seite Jesu stark apokalyptisch-endzeitlich geprägt war (Lukasevangelium) und der Vater zu jenen „Gerechten" zählte, die sich um ein gesetzestreues Leben bemühten (Matthäusevangelium). Den Vater zeichnet Matthäus darüber hinaus als einen torafrommen Juden, der eine weite, menschenfreundliche Gesetzesauslegung praktiziert, so wie er sie bei seiner Verlobten anwenden will, ehe der Engel ihn in einem Taum zu noch mehr drängt (Mt 1, 20 ff). Wie auch immer wir uns das vorstellen, nach diesem Bild des Matthäus geht Jesus bei einem menschenfreundlichen Vater in die Schule. Das aber ist nur verstehbar, wenn Josef ein Gottesbild in sich trägt, das ihm ein solches Verhalten „erlaubt". Anders gesagt: Josef glaubte von seinem Gottesverständnis her, sich von seiner Verlobten „in aller Stille" trennen zu können. Bei einem anderen Gottesbild hätte er sie der öffentlichen Schande, wenn nicht der Steinigung übergeben müssen. Josef hat seinen „barmherzigen Gott" an Jesus weitergege-

ben. Vielleicht war Josef auch der erste, der Jesus „Abba"
beten gelehrt hat. Er würde dann, was durchaus möglich
ist, in jener Vatertradition Israels stehen, die uns etwa
beim Propheten Hosea begegnet:
„Als Israel jung war, gewann ich ihn lieb, ich rief meinen
Sohn aus Ägypten... Mit menschlichen Fesseln zog ich sie
an mich, mit den Ketten der Liebe. Ich war für sie wie die
(Eltern), die den Säugling an ihre Wangen heben. Ich neig-
te mich ihm zu und gab ihm zu essen" (Hos 11, 1. 4).
Eine ähnlich intime Beziehung Israels zu seinem Gott
wird im dritten Teil des Jesajabuches deutlich: „Blick vom
Himmel herab, und sieh her von deiner heiligen, herrli-
chen Wohnung!... Du bist doch unser Vater... Du, Herr,
bist unser Vater, ‚unser Erlöser von jeher' wirst du genannt" (Jes 63, 15 f).
Ähnlich betet ein etwas späterer Zeitgenosse Jesu, Rabbi
AKIBA (gest. 135 n. Chr.): „Unser Vater, unser König, wir
haben gesündigt vor dir! Unser Vater, unser König, wenn
wir keine Taten aufzuweisen haben, erweise uns Liebe
und hilf uns!" (Jüd. Neujahrsgebet).
Gerade der Text aus dem dritten, zeitlich sehr späten Teil
des Jesajabuches (die Bibelwissenschaftler datieren diesen
Teil auf die Zeit nach dem babylonischen Exil, also nach
538 v. Chr.) verbindet die Vater- und Erlöservorstellung
miteinander, eine Gottessicht, die sich dann deutlich bei
Jesus wiederfindet. Jesu Gottesbild, das er seinen Jüngern
und Jüngerinnen weitervermittelt und das seinen prägnan-
ten Ausdruck im „Vaterunser" findet, hat in seiner jüdischen Tradition Vorbilder. Freilich lernte er auch in eben
dieser Tradition andere Gottesbilder kennen, die unnah-
barer, distanzierter, „herr-licher" und auch gesetzlicher
waren. Für Jesus stand eines Tages das an, was für uns alle
Aufgabe ist: aus den verschiedenen Gottesbotschaften, die
an unser Ohr kommen, aus den verschiedenen Gottesbil-
dern, die Menschen und Traditionen vor unser Auge malen, das für uns Tragende und Bestimmende wachsen zu

48

lassen. Das ist ein Entscheidungsprozeß und Zeichen eines erwachsenen Glaubens.

Aber die Entscheidung ist nicht unbeeinflußt von den Gottes- und auch Menschenerfahrungen, die wir als Kinder gemacht haben, als die Schranke des Verstandes uns noch nicht kontrolliert hat. Gewiß gibt es Lebensgeschichten mit großen Brüchen, die zu Konversionen führten. Paulus steht in einer solchen Geschichte. Bei Jesus deutet nach den Evangelien nichts darauf hin, sein Gottes- und Menschenbild habe sich in totalem Gegensatz zu seinem Elternhaus entwickelt – oder losgelöst davon. Dennoch wird er später, wie wir noch sehen werden, von seinen Verwandten, seinen Geschwistern, seiner Mutter nicht mehr verstanden.

Als er den Menschen von seinem Gott erzählt, können sie sich an die alte Liebesbotschaft des Jesajabuches erinnern. Darin aber drückt sich ein tiefes Vertrauen aus, das in einem deutlichen Widerspruch zu den äußeren Umständen steht, in denen die Menschen leben. Wahrscheinlich haben die uns unbekannten Propheten des zweiten und dritten Teils des Jesajabuches schon mit diesem Gottvertrauen unter ihren Zeitgenossen Widerstand erfahren. Es ist nicht ausgeschlossen, daß diese Jesajabotschaft gerade in jüdischen Gruppen sehr vertraut und beliebt war, die zur babylonischen Gemeinde Verbindung hatten. Eine große, einflußreiche jüdische Gemeinde gab es in Babylon über das Jahr 538 v. Chr. hinaus, als der Perserkönig KYROS den Juden die Rückkehr nach Hause erlaubte; nicht alle Juden kehrten damals zurück. Aber die Kontakte zur Heimat blieben intensiv und waren auch zur Zeit Jesu sehr eng.

Nach den Makkabäeraufständen in der Mitte des zweiten Jahrhunderts v. Chr. und der anschließenden Etablierung der Hasmonäermacht verließen endzeitlich hochgestimmte Juden Babylon und siedelten im alten Zwölfstämmegebiet, vor allem auch in Galiläa und im heutigen Golan. Mit den endzeitlichen Vorstellungen, wie sie etwa im Danielbuch niedergeschrieben sind, verband sich auch die Idee der Wiederbesiedlung des alten Israels vor der Zerstörung durch die Assyrer im achten Jahrhundert v. Chr. Israel konnte sich eine „erfüllte Zeit" ohne die Wiederherstellung des alten davidisch-salomonischen Reiches nicht vorstellen (diese Vorstellungen spielen auch im heutigen israelisch-arabischen Konflikt eine große Rolle; die meisten Siedler in den „besetzten Gebieten" sind religiös motiviert und argumentieren auch so).

Manche Bibelwissenschaftler sehen Nazaret in Galiläa als Gründung einer Sippe religiös-endzeitlicher Siedler aus Babylon an, die zurückkamen, um in der alten Heimat, dem von Gott versprochenen Land, die messianische Zeit zu erwarten.

In den damaligen politischen und sozialen Verhältnissen war gewiß viel Gottvertrauen nötig, auf eine baldige Erlösung zu hoffen. Aber da waren gerade die Schriften des Deutero- und Tritojesaja als Trostbücher sehr wichtig, denn auch sie waren gegen die bestehenden Verhältnisse geschrieben. Gewiß nicht zufällig liest Jesus bei seiner „Antrittsrede" in der Synagoge von Nazaret Zitate aus dem Jesajabuch. Für ihn erfüllt sich jetzt endgültig das in diesen tröstlichen Bildern angekündigte Kommen Gottes:

„Tröstet, tröstet mein Volk, spricht euer Gott. Redet Jerusalem zu Herzen und verkündet der Stadt, daß ihr Frondienst zu Ende geht, daß ihre Schuld beglichen ist..." (Jes 40, 1 f).

So beginnt der zweite Teil des Jesajabuches, geschrieben im babylonischen Exil. Es treibt Jesus die Tränen in die Augen, als er später merkt, daß diese Botschaft nicht angenommen wird (vgl. Lk 19, 41 f). Und tatsächlich gehörte ein gewaltiger Hoffnungsüberschuß dazu, angesichts römischer Besatzung unter der Terrorverwaltung eines PILATUS und jüdischer Kollaborateure bis ins Königshaus der Herodianer hinein einem so tröstlichen Wort zu glauben. War da die Botschaft Johannes des Täufers, der vom Zorngericht Gottes sprach, nicht „realistischer"?

50

Jesus ist vor allem im „Evangelium" des zweiten und dritten Teils des Jesajabuches zu Hause. Das bezeugt sehr
deutlich die biblische Überlieferung. Gehört hatte er diese
Texte zuerst in Nazaret. Wahrscheinlich spielten sie nicht
nur in der Synagoge eine Rolle, sondern zeichneten bereits
das Gottesbild des Elternhauses aus. Wenn wir zudem Josef als einen barmherzigen Zadik (Gerechten) annehmen,
dann konnte sich bei Jesus schon in frühen Jahren die
Grundlage für ein Gottesbild und eine Gotteserfahrung
formen, die ihren späteren Ausdruck in der frohen Botschaft seiner Lehre fand. Er hat sie ein für allemal der Welt
eingeprägt. Unbeschadet seiner einzigartigen Beziehung
zu Gott, an die Christen glauben, sind diese Voraussetzun-
gen nicht ohne Bedeutung, wenn er denn „wahrer
Mensch" war.

Das Urvertrauen zu Gott konnte im jungen Jesus wachsen. Es entwickelte sich auf einen mütterlichen Vater-
Gott hin, wie ihn u. a. prophetische Texte bei Hosea und
Jesaja vorzeichnen. In späteren Jahren zog Jesus mit dem
Vater als Zimmermann durch Galiläa und wahrscheinlich
auch in das Gebiet jenseits des Sees von Tiberias. Bei diesen Wanderungen konnte sich das Bild vertiefen, wenn Vater und Sohn über die uralten Gotteserfahrungen Israels
und über die nahe bevorstehende Gottesherrschaft sprachen.

Die Bibel erzählt uns über die Wander- und Berufsjahre
Jesu vor seiner Taufe nichts. Sie sind Jahre der „Vorberei-
tung", der Sammlung von Gottes- und Menschenerfahrung, Jahre des Lernens und Kennenlernens, aber auch der
Deutung von Erlebnissen und Beobachtungen. Die Art
und Weise, wie Josef Menschen, Schöpfung und Gott sah
und verstand, wird auch den jungen Jesus beeinflußt haben. Und wenn sie in Galiläa oder jenseits des Jordan auf
der Via Maris wanderten und in den Städten und Dörfern
ihre Dienste anboten oder auch zu Verwandten kamen,
dann waren das Erfahrungen, die sich in einem Lebenswis-

sen sammelten, aus dem später Jesus den Menschen mitteilt.

Auf diesen Wanderungen hat der „Minnesänger" der Liebe Gottes auch die kleine, fruchtbare Küstenebene am Nordwestufer des Sees Genesaret kennengelernt, die seine „zweite Heimat" wird. Selbst wenn die biblische Überlieferung darüber schweigt, ist es wenig wahrscheinlich, daß Jesus sich später nur „zufällig" in Kafarnaum niederläßt; er wird es vorher gekannt haben und bewußt dorthin gegangen sein. Er hätte sich ja auch in anderen Orten niederlassen können, in Judäa, in Jerusalem, der Hauptstadt (viele Propheten treten in der Zentrale auf) – oder in Betanien bei seinen Freundinnen und seinem Freund: Maria, Marta, Lazarus. Er tut es nicht. Er geht nicht ins Gebirge, er geht nach Kafarnaum am See. Offenbar schien dieser Ort ihm geeignet als Ausgangspunkt für das, was er den Menschen zu sagen hatte.

Die Geographie, die Jesus für seinen Wohnort bestimmt, enthält schon ein theologisches Programm: „Entlang dem See Gennesar erstreckt sich eine gleichnamige Landschaft von wunderbarer Natur und Schönheit. Wegen der Fettigkeit des Bodens gestattet sie jede Art von Pflanzenwuchs, und ihre Bewohner haben daher in der Tat alles angebaut; das ausgeglichene Klima paßt auch für die verschiedenartigsten Gewächse. Nußbäume, die im Vergleich zu allen anderen Pflanzen eine besonders kühle Witterung brauchen, gedeihen dort prächtig in großer Zahl. Daneben stehen Palmen, die Hitze brauchen, ferner Feigen- und Ölbäume unmittelbar dabei, für die ein gemäßigteres Klima angezeigt ist. Man könnte von einem Wettstreit der Natur sprechen, die sich mächtig anstrengt, alle ihre Gegensätze an einem Ort zusammenzuführen, oder von einem edlen Kampf der Jahreszeiten, von denen jede sich um diese Gegend wetteifernd bemüht. Der Boden bringt nicht nur das verschiedenste Obst hervor, das man sich kaum zusammen denken kann, sondern er sorgt auch lange Zeit hin-

52

durch für reife Früchte. Die königlichen unter ihnen, Weintrauben und Feigen, beschert er 10 Monate lang ununterbrochen, die übrigen Früchte reifen nach und nach das ganze Jahr hindurch. Denn abgesehen von der milden Witterung, trägt zur Fruchtbarkeit dieser Gegend auch die Bewässerung durch eine sehr kräftige Quelle bei..." (FLAVIUS JOSEPHUS, Jüd. Krieg III, 10. 8).

Viele Gleichnisse und Erzählungen von der Fülle des Reiches Gottes oder auch seinem Wachsen atmen die Atmosphäre dieser Landschaft. Sie wären in der Wüste undenkbar.

Jesus lernt Menschen kennen: Menschen im Gebirge, Menschen in Städten – die hellenistische Stadt Sepphoris, Hauptstadt Galiläas, lag fast in Sichtweite von Nazaret. Er lernt die Hektik der Stadt Jerusalem auf seinen Pilgerreisen ebenso kennen wie die Ruhe der Menschen, die abhängig sind von Wind und Wetter. Auf der Via Maris, der Hauptverkehrsstraße, erlebt er Kaufleute, Zollverwalter, Soldaten. Er kennt Revolutionäre und Konservative, Fromme und religiöse „Außenseiter". Er erlebt, wie Menschen sich lieben, hassen, über's Ohr hauen, wie sie um die ersten Plätze streiten, ihre Gebetsriemen zur Schau stellen, die Tora brechen, aber auch ihr letztes Hemd weggeben, sich füreinander einsetzen, die nationalen und religiösen Grenzen überschreiten...

Was er bei vielen Menschen entdeckt, und das wird später in seiner Einstellung zum Menschen sichtbar: Die meisten tragen unter einer schweren Last – einer Krankheit, dem Verlust eines Menschen, den politisch-wirtschaftlichen Verhältnissen, der Willkür des PILATUS oder der HERODESfamilie, der harten Auslegung der Tora durch offizielle Religionsverwalter; sie tragen schwer unter ihrer Schuld, unter Vorurteilen anderer, darunter, daß sie so sind, wie sie sind, und ständig andere sein möchten...

Er ist ein guter Beobachter der Menschen und der Natur. Das wird in vielen Geschichten deutlich – auch und gera-

de in denen, aus denen die Bibelwissenschaft seine „ureigene Stimme" hört. Er könnte bei all dem, was er sieht und hört und am eigenen Leib erfährt, bitter werden. Er könnte die Überzeugung vieler Menschen seiner Zeit teilen, der Mensch verschulde all seine Lasten selbst. Ein Blindgeborener könnte bei ihm die Frage auslösen: „Wer hat gesündigt? Er selbst? Oder haben seine Eltern gesündigt, so daß er blind geboren wurde?" (vgl. Joh 9,2), so jedenfalls fragen ihn einmal seine Jünger. Er sieht die Menschen so, wie sie sind, und wird ihr Freund. Das ist deshalb glaubwürdig, weil er sich keine Illusionen über die Menschen macht. Das Johannesevangelium betont ausdrücklich, daß Jesus sich nicht einfach unkritisch den Menschen ausliefert, „denn er kannte sie alle und brauchte von keinem Zeugnis über den Menschen, denn er wußte, was im Menschen ist" (Joh 2,24f). Das hätte ihn auch zum „Ankläger" (hebräisch: Satan) machen können, zum Menschenverächter. Aber er sieht später seine Aufgabe nicht darin, über die Schlechtigkeit der Menschen zu jammern, er will vielmehr die Heillosigkeit der Kranken heilen. In der Sprache des Johannesevangeliums: „...denn ich bin nicht gekommen, um die Welt zu richten, sondern um sie zu retten" (Joh 12,47). Er hat – anders als Johannes der Täufer – nicht den Ehrgeiz, die Menschen durch hohe Forderungen zu verändern und ihnen zusätzliche Lasten aufzulegen. Er lernt im Umgang mit den Menschen, wie sie unter noch mehr Forderungen zusammenbrechen.
Matthäus, der Evangelist, hat für diese Grundhaltung Jesu zu den Menschen im zweiten Teil des Jesajabuches ein tröstliches Wort entdeckt: „Seht, das ist mein Knecht, den ich erwählt habe, mein Geliebter, an dem ich Gefallen gefunden habe. Ich werde meinen Geist auf ihn legen, und er wird den Völkern das Recht verkünden. Er wird nicht zanken und nicht schreien, und man wird seine Stimme nicht auf den Straßen hören. Das geknickte Rohr wird er nicht zerbrechen und den glimmenden Docht nicht auslöschen,

54

bis er dem Recht zum Sieg verholfen hat. Und auf seinen Namen werden die Völker ihre Hoffnung setzen" (Mt 12, 18 – 21; vgl. Jes 42, 1 – 4).

Diese Sicht auf den Menschen hat Jesus zweifellos auch im Umgang mit den Kleinen und Beladenen gelernt, weil er genau hinsah und ihre Not erkannte. Unfreundlich ist er eigentlich nur zu denen, die zanken und schreien und das „Joch der Tora" nicht süß, sondern bitter machen. Mit ihnen gerät er in einen Dauerkonflikt, der letztlich zu seinem Tod führt.

Vielleicht hat Jesus selbst eine Zeitlang gezögert und, wie Johannes, geglaubt, das Reich Gottes brauche Gewalt und nur die Gewalttäter, die Torastrengen, die „Kinder des Lichtes" hätten bei Gott eine Chance (vgl. Mt 11, 12). Vielleicht war aber gerade die Lernzeit bei Johannes ein Anstoß, weil er sah, wie sie kamen und Angst hatten: Angst vor dem Zorngericht Gottes, dem sie entgehen wollten. Deshalb liefen sie zum Täufer, weil er ihnen einen Weg zeigte davonzukommen. Aber das Gottesbild des Täufers war dunkel, es war das Gottesbild des Jeremia, des Amos, des Keltertreters... Später, als der „geliebte Sohn" zwischen Himmel und Erde hing, mag ihm dieses Bild des Täufers wieder eingefallen sein, denn sein Gott, sein menschenfreundlicher Gott ließ ihn jetzt hängen.

Jesus hat sich auf die Seite der Menschen geschlagen, und er konnte das tun, weil für ihn, das machen die Evangelisten je auf ihre Weise deutlich, Gott ein mütterlich-väterliches Gesicht bekam. Im Licht dieses Abba-Gottes erfuhr er sich als „geliebter Sohn". Ohne dieses Urvertrauen, das sich gewiß nicht unabhängig von seinem Elternhaus entwickelt hat, ist seine Menschenfreundlichkeit nicht zu verstehen.

Nach Markus, Matthäus und Lukas ereignet sich der endgültige Durchbruch dieses mütterlich-väterlichen Gottes *nach* der Taufe durch Johannes. In einem apokalyptisch-endzeitlichen Bild heißt es bei Markus: „Und als er aus dem Wasser stieg, sah er, daß der Himmel sich öffnete und der Geist wie eine Taube auf ihn herabkam. Und eine Stimme aus dem Himmel sprach: Du bist mein geliebter Sohn, an dir habe ich Gefallen gefunden" (Mk 1, 10f). Dieser Einbruch des Himmels in sein Sehen und Hören, sein ganzes Leben, ist gleichzeitig auch der Durchbruch zu einem Selbstbewußtsein, das ihn in der Folgezeit immer wieder trägt.

Urvertrauen und Selbstbewußtsein gehören zusammen. Ein Mensch, der kein Urvertrauen entwickeln kann, wird auch nie „ich bin" sagen können. Viele verwechseln großsprecherisches Gehabe mit Selbstbewußtsein. Nicht Goliat, sondern David ist der selbstbewußte Mensch (vgl. 1 Sam 17). In der Christologie des Johannesevangeliums ist faszinierend zu sehen, wie Jesus immer häufiger und klarer „ich bin" sagt. Auch das ist ein Lernprozeß, der sich für den Johannesevangelisten im Leben Jesu ständig steigert. Jedenfalls seit der Taufe, so erzählen die Evangelisten, ist Jesus nicht nur der „geliebte Sohn", er weiß jetzt auch darum, weil er es gehört hat.

In der Mischna Avot (mAv 3, 15), in der um die Mitte des 3. Jahrhunderts n. Chr. ältere und alte Aussprüche jüdischer Lehrer gesammelt sind, wird ein Satz Rabbi Akibas überliefert: „Innig geliebt ist der Mensch, denn er wurde im Bild Gottes geschaffen. Eine zusätzliche Innig-Liebe liegt darin, daß ihm kundgetan wurde, daß er im Bild Gottes geschaffen wurde. Es heißt nämlich: ‚in seinem Bild schuf Gott den Menschen' (Gen 9, 7). Innig geliebt sind die Israeliten, denn sie wurden Söhne genannt. Eine zusätzliche Innig-Liebe liegt darin, daß ihnen kundgetan wurde, daß sie Söhne sind; es heißt nämlich: ‚Söhne seid ihr dem Herrn, eurem Gott' (Dtn 14, 1)..."

Jesus *ist* nicht nur Sohn. Die besondere Liebe liegt darin, daß es ihm *kundgetan* wurde. Und aus dieser bekundeten Sohnschaft gewinnt er sein tiefes Bewußtsein: Ich bin geliebt. In diesem Zusammenhang taucht dann wieder die Botschaft des Deuterojesaja auf: „Seht, das ist mein Knecht, den ich stütze, das ist mein Erwählter, an ihm finde ich Gefallen..." (Jes 42, 1).

Darin liegt eine tiefe menschliche Erfahrung, genügt es uns doch nicht, nur geliebt zu sein, wir wollen es auch immer wieder sehen und hören. Kinder würden mit der Zeit krank, wenn sie nicht stets neu von den Eltern hörten: „Ich hab dich gern! Schön, daß es dich gibt!" Und wenn sie es nicht mehr recht wahrnehmen, dann fragen sie einfach: „Hast du mich lieb?" Und nicht nur Kinder fragen so, auch Liebende beteuern sich stets neu: „Ich hab dich gern, geliebte Frau, geliebter Mann." Ohne diese Worte würde unsere Liebe austrocknen.

Später, als Jesus immer deutlicher sieht, wohin sein Weg führt, als er den Jüngern die Augen öffnen muß für die Zuspitzung der Situation, da wird sich die Stimme wieder melden, um die Jünger zu stärken. Bei der Verklärung ruft eine Stimme aus der Wolke: „Das ist mein geliebter Sohn, auf ihn sollt ihr hören" (Mk 9, 7). Das Wort gilt den Jüngern, die bei Jesus sind, aber es ist zugleich eine Bestätigung für ihn: Eine zusätzliche Innig-Liebe liegt darin, daß ihm kundgetan wurde, daß er der Sohn war. Und es lag auch eine besondere Liebe darin, ihnen, den Jüngern, kundzutun, daß er der Sohn war.

Für die Evangelisten insgesamt ist diese besondere Innig-Liebe Gottes zu Jesus entscheidend. Das Johannesevangelium hat sie in den „Abschiedsreden" Jesu (Joh 14 – 17) theologisch meditiert. Zugleich kommt damit der in der Sicht der Evangelisten wichtigste „Lehrer" Jesu ins Spiel: Gott. In Beziehung zu Gott bleibt Jesus der Schüler, der „Lieblingsschüler", ein Leben lang – mit allen Konsequenzen, die das für Jesus hat. Die Bibel zeigt uns, durch welch harte Schule der Lieblingsschüler Gottes gehen muß. Aber das konnte ihm eigentlich schon die biblische Überlieferung sagen. Denn in Jesus verdichtet sich nach

Meinung der Evangelisten das Schülersein Israels. Was Jesus in der Schule Gottes lernt, ist in Grundzügen das „Lernprogramm" für Israel, seit es bei Gott in die Schule geht. Es ist aber auch das Lernprogramm aller, die ihm nachfolgen.

Doch zunächst geht es für Jesus darum, zu jenem Urvertrauen zu finden, das ihn in allen Krisen trägt. Folgen wir dem Evangelium, dann lebt er seit der Taufe bewußt aus diesem Vertrauen, „geliebter Sohn" zu sein. Darin liegt auch der eigentliche Anstoß, zu den Menschen zu gehen und ihnen davon mitzuteilen. Er behält dieses „geliebter Sohn" nicht für sich, er will, genau gesehen, allen in Israel mitteilen, wie sehr sie geliebte Töchter und Söhne des einen mütterlich-väterlichen Gottes sind. Doch diese Liebesbotschaft, so wird er später lernen, gilt nicht nur Juden, sondern grundsätzlich allen Menschen.

Jesus läßt sich taufen, und „sofort" treibt ihn der Geist in die Wüste. „Sofort" sagt die wörtliche Übersetzung des Markusevangeliums (Mk 1, 12). „Sofort", das heißt hier: Kaum hat er das Ereignis der Stimme von oben empfangen, da meldet sich die Stimme „von unten". Kaum hat er ganz realisiert, wer er ist – „der geliebte Sohn" –, kaum *ist* er nicht nur der geliebte Sohn, sondern *weiß* auch darum, da treibt ihn der Geist in die Wüste. Warum? Was soll er in der Wüste lernen?

Soll er lernen, wie gefährlich die Wüste ist? Weiß er das nicht, der Wanderer von Galiläa nach Jerusalem – mindestens einmal im Jahr zum Osterfest – seit dem zwölften Lebensjahr? Vielleicht schon früher?

Er kannte die Erzählungen der Eltern, der Verwandten, der Reisegesellschaft, wenn sie durch das Jordantal zogen, in den Höhlen im Jordangraben irgendwo übernachteten, wenn sie zu der Stelle kamen, wo östlich der Jabbok in den Jordan mündete, drüben in Richtung Sonnenaufgang. Von dorther waren die Väter, Abraham, Isaak, Jakob, einge-

58

wandert ins Land. Vielleicht hatte ihm Josef einmal in aller „Herrgottsfrühe" die Geschichte von Jakob erzählt, den es dort drüben in den Jabbokauen eines Nachts „erwischt" hatte. Einen Tag vor seiner Versöhnung mit Esau, in der Nacht vorher, „rang mit ihm ein Mann, bis die Morgenröte aufstieg" (Gen 32, 25) – ein Kampf auf Leben und Tod, der mit einem Sieg Jakobs endete. Nachher interpretierte Jakob ihn als Ringen mit Gott: „Ich habe Gott von Angesicht zu Angesicht gesehen und bin doch mit dem Leben davongekommen" (Gen 32, 31). Eine dunkle Geschichte: Der Gott, der rettet, ist auch der Gott, der bedroht, das Leben des Menschen bedroht.

Mose macht übrigens eine ähnliche Erfahrung. Kaum ist er von Gott berufen, sein Volk aus der Knechtschaft Ägyptens zu befreien, kaum hat Gott ihn, den Widerstrebenden, dazu überredet, da erzählt die Bibel eine völlig unglaubliche Geschichte: „Unterwegs am Rastplatz trat der Herr dem Mose entgegen und wollte ihn töten" (Ex 4, 24). Es ist die gleiche Situation, die Jakob erlebt. In beiden Fällen erfolgt nach der furchtbaren Gottesbegegnung am nächsten Tag das Treffen mit dem Bruder. Aber ehe die Begegnung mit dem Bruder erfolgt, stellt sich Gott dem Menschen in den Weg.

Soll das heißen, die Begegnung mit dem Bruder kann nur gelingen, wenn zuvor der Kampf mit Gott stattgefunden hat? Wer diesen Kampf überlebt, wird auch die Auseinandersetzung mit dem „Bruder" überleben – wollen uns das die Texte von der Gottesbedrohung, der „Nachtseite Gottes" (A. HEINZE), sagen, von der die Glaubensahnen erzählen?

Jesus erlebt das gleiche Schicksal. Vom Lehrer-Gott gerufen und als Sohn bestätigt, wird er „sofort" in die Wüste „hinausgeworfen" und in Versuchung geführt. Es geht ihm also nicht anders als Jakob, Mose, Jeremia, Ijob oder jenem anonymen, leidenden Gottesknecht, der uns im 53. Kapitel des Jesajabuches begegnet. Sie alle erfahren die Gottesbedrohung. Und das wird auch dadurch nicht verständlicher, daß die neutestamentlichen Theologen in gut apokalyptischer Manier vom „Satan" sprechen, der Jesus in Versuchung führt. Das hat jüdische Vorbilder. So werden jüdische Theologen später im babylonischen Talmud, dem theologischen Kommentar zu allen wichtigen Lebensfragen (Abschluß 8. Jh. n. Chr.), wenn sie von der „Bindung Isaaks" (vgl. Gen 22) erzählen, jener für jüdische und christliche Spiritualität provozierenden Geschichte, in der Gott Abraham versucht, den Satan ins Spiel bringen (vgl. b Sanhedrin 89 b). Dann ist eigentlich nicht mehr Gott der, der Abraham auf die Probe stellt – und die Welt der Theologen ist wieder „in Ordnung".

Aber das ist nur eine scheinbare Ent-schuldigung Gottes. Ob mit oder ohne Satan, Gott bleibt der Verantwortliche. Und der biblische Theologe im Buch Genesis scheut sich nicht, Gott selbst als den Versucher zu denunzieren – wie übrigens Jesus selbst auch, wenn er seine Jünger im „Vaterunser" beten lehrt: „...und führe uns nicht in Versuchung" (vgl. Mt 6, 13). Gott ist gemeint, nicht der Satan. Der geliebte Sohn, an dem Gott Freude hat, der bei ihm in gutem Ansehen steht, wird versucht. Das Markusevangelium geht auf die Versuchungen Jesu nicht näher ein. Die Tatsache als solche ist schon schwerwiegend genug. Matthäus und Lukas haben die Szene ausgebaut; wahrscheinlich hat das sogar schon die Überlieferung getan, auf die sie zurückgreifen.

Welche Versuchungen befallen den Menschen in der „Wüste"? Mit welchen „wilden Tieren", wie Markus sagt, muß der Mensch in der Wüste leben lernen? Matthäus und Lukas denken theologisch-heilsgeschichtlich und erinnern an die großen Versuchungen Israels. Es beginnt schon mit dem Zeitraum: Der Geist treibt Jesus vierzig Tage in der Wüste umher. Vierzig Tage, vierzig Jahre – bibelfeste Hörerinnen und Hörer der Evangelisten wußten sofort Bescheid. Das waren Zeiträume, die bekannt waren – heili-

60

ge Zeiträume, deren Maß seit uralten Zeiten festlag, Zeiträume, in denen sich der Mensch nach uralten Ordnungen bewegt – auch in der Versuchung, in der Lebens- und Glaubensprobe.

In drei „Versuchungen" wird Jesus geführt, die Israel, der „Sohn Gottes", seit seiner Wüstenzeit kennt und die Jesus aus den Toralesungen der Synagoge bekannt waren. Sie wurden jetzt existentielle Erfahrung, wenn auch von den Evangelisten und ihrer Überlieferung verdichtet dargestellt. In diesen Versuchungen wird sich zeigen, ob „der Schüler" seine Tora gelernt hat und ob er die Glaubensantworten weiß, die ihm jetzt und im weiteren Verlauf seines Lebens abverlangt werden.

Wenn die Evangelisten das in einer „idealen Szene" gestalten, bedeutet das nicht, daß damit schon ein für allemal das Problem gelöst wäre. Die Versuchung bleibt, auch wenn „der Teufel für eine gewisse Zeit von ihm" abläßt (vgl. Lk 4, 13). In den verschiedenen Phasen seines öffentlichen Auftretens bleiben ihm die Versuchungen in der einen oder anderen Weise auf der Spur. Sie sind ein „roter Faden" durch sein weiteres Leben. Er lernt in der Wüste: Auch als der „geliebte Sohn", oder gerade deswegen, ist er nicht unangefochten. Es gehört zu seiner Glaubensschule dazu – und es ist auch um unseretwillen aufgeschrieben, damit wir uns nichts vormachen über unseren eigenen Glaubensweg. Die jüdische Weisheit weiß darum, daß Gott nicht die Frevler versucht, sondern die Frommen – Abraham ist dafür der Zeuge.

Es geht, nach Matthäus und Lukas, wenn auch in unterschiedlicher Reihenfolge, in der Wüste um drei Lektionen: Um die Versuchung des Hungers, den Israel ebenfalls in der Wüste erlebt hat; um die Versuchung, Gottes zugesagte Hilfe zur Verherrlichung der eigenen Person zu gebrauchen, sie also zu vereinnahmen, und um die Versuchung der Macht über alle Welt – eine Illusion, die schon so viel Blut in der Geschichte hat fließen lassen, die aber auch

„Traum" der Kleinen sein kann, nicht nur der Groß-
mächte.

Jesus begegnet diesen Versuchungen jeweils mit einem
Wort aus der Tora. Auf die Hungerversuchung antwortet
Jesus mit einem Zitat aus dem Buch Deuteronomium, in
dem der Sinn der Versuchung für Israel in der Erkenntnis
liegt: „...daß der Herr, dein Gott, dich erzieht, wie ein Vater seinen Sohn erzieht" (Dtn 8, 5). In dieser Erziehung soll
Israel erkennen, „daß der Mensch nicht nur vom Brot lebt,
sondern daß der Mensch von allem lebt, was der Mund des
Herrn hervorbringt" (Dtn 8, 3).

Die typisch religiöse Versuchung, Gottes Hilfe und Bun-
destreue für eigene Zwecke zu vereinnahmen – etwa in
einem spektakulären Zeichen (Sturz vom Tempel), wird
von Jesus abgewiesen mit einem weiteren Wort aus der
Tora (Dtn 6, 16): „Du sollst den Herrn, deinen Gott, nicht
auf die Probe stellen." Eine Steigerung der Versuchung
liegt darin, daß die Gegenstimme selbst ein biblisches Zitat bringt, einen Psalmvers, der zur Sorglosigkeit anstiften
könnte, zum absolut sicheren Vertrauen auf Gottes Hilfe.
Es scheint, als stritten sich zwei torakundige Schüler (tal-
midim) wie in einem Streitgespräch im Lehrhaus um Fragen der rechten Praxis. Und tatsächlich geht es hier darum, ob die Treue zur Tora ein Leben tragen kann oder
nicht.

Indem Jesus auch die dritte Versuchung, irdische Macht zu
gewinnen, wieder mit Toraworten (Dtn 5, 9; 6, 13) zurück-
weist, hat er sich, der geliebte Sohn, für die große Lebens-
auseinandersetzung gerüstet gezeigt. Der Schüler hat seinen „Test" bestanden. Er hat sich als schriftkundig erwie-
sen. Die Weisung Gottes kennt er nicht nur auswendig
und kann Rede und Antwort stehen, er lebt sie. Auch
wenn der neutestamentliche Text in mythischer Sprech-
weise den Teufel als Versucher einführt, so bleibt doch,
schon durch die von Jesus zitierten Texte aus Deuteronomium, im Hintergrund stehen, daß Gott selbst den Sohn

erzieht und in seine, oft schwere Schule nimmt. Der, der den Sohn liebt, ist auch der, der dem „Versucher" die Möglichkeit gibt, ihn zu prüfen. Der dunkle Gott des Jabbok meldet sich wieder (vgl. Gen 32,23 – 33). Andererseits weiß „der geliebte Sohn", aus dem Bewußtsein, geliebt zu sein, selbstbewußt dem „Prüfer" Antwort zu geben. Am Ende dienen ihm Engel, wie Markus und Matthäus sagen. Nach Lukas läßt ihn der Teufel einige Zeit in Ruhe.

Der Sohn, der die Prüfungen bestanden hat, wird „belohnt". Gleichzeitig zeigt sich in diesem Paradox, „mit der Versuchung leben" und „von den Engeln bedient zu werden", die Grundspannung. Beide Wirklichkeiten sind gegenwärtig und machen die Antriebskraft des Wachsens im Glauben aus.

Natürlich deuten die Evangelisten das zunächst und sogar, wie manche Exegeten meinen, exklusiv auf Jesus. Aber insofern wir in seine Geschwisterlichkeit mit hineingenommen sind, zeigt sich darin auch die Grundspannung „für uns". Wir sind nicht nur Existenzen, die von einer Versuchung in die andere fallen, wir sind auch, biblisch gesprochen, bedient von Gottes Engeln. Das hat selbst dann Geltung, wenn wir – anders als *der* Sohn – die Versuchung nicht immer bestehen.

Ein Leben mit den wilden Tieren, bedient von den Engeln: Der neue Mensch, Jesus, lebt in paradiesischen Verhältnissen. Es wird nicht so bleiben, als er die Wüste verläßt.

Denn sie sagten:
Er ist verrückt.
Markus 3, 21

4 Wie Jesus Streit mit seinen Verwandten bekommt und warum er in Nazaret keine Wunder tun kann

Eltern klagen oft: „Wir verstehen unser Kind nicht mehr. Es hat sich so anders entwickelt, als wir es uns vorgestellt haben." Aus etwas Abstand heraus läßt sich dennoch leicht feststellen, wie sehr dieser Junge, dieses Mädchen Kind seiner Eltern ist. Die Erziehungslinien sind deutlich zu sehen, auch wenn die Eltern über das Verhalten ihres Kindes befremdet sind.

Befremdung begegnet uns in der Jesusfamilie nahezu an allen Stellen, wo von ihr die Rede ist. Die totale Harmonie in der „Heiligen Familie" ist das Produkt idealisierender Predigt, aber nicht Aussage der biblischen Texte. Die Idealisierung hilft letztlich keinem, vor allem dann nicht, wenn Eltern ihre Kinder nicht (mehr) verstehen. Ein idealisiertes und harmonisiertes Bild der Jesusfamilie läßt sich eigentlich nur auf einen einzigen Satz bauen. Im Anschluß an die Auseinandersetzung des Zwölfjährigen mit seiner Mutter im Tempel heißt es: „Dann kehrte er mit ihnen nach Nazaret zurück und war ihnen gehorsam" (Lk 2, 51). Nur an dieser einzigen Stelle wird er im Evangelium als seinen Eltern „gehorsam" bezeichnet, eine Tugend, die in der jüdischen Weisheitsliteratur ständig hochgepriesen wird: „Hör auf deinen Vater, der dich gezeugt hat, verachte

65

deine Mutter nicht, wenn sie alt wird" (Spr 23,22). Oder: „Wer den Herrn fürchtet, ehrt seinen Vater und dient seinen Eltern wie Vorgesetzten" (Sir 3,7).

An allen anderen Stellen, in denen die Evangelisten von Jesus und seiner Familie reden, ist eher eine Distanz oder Spannung festzustellen. Es ist zunächst die natürliche Bewegung aus der Familie hinaus, die jedes Kind durchleben muß. Je offener Eltern diese Entwicklung akzeptieren, um so mehr können sie ihre Kinder in der Familie halten. Aber nimmt es eigentlich Wunder, daß es gerade diese Familie schwer mit diesem Sohn hatte und der Sohn mit der Familie? Mußten nicht die hohen Erwartungen eines Tages enttäuscht werden, die die Familie in der Luft endzeitlicher Erwartungen in ihn gesetzt hatte? Auch die Beziehung zu seiner Familie (einschließlich seiner Mutter) wird zum Lernfeld für Jesus – und zur Glaubensprobe für beide. In all dem läuft ein Ablösungsprozeß, wie er wohl zum Grundgesetz jeder neuen Generation dazugehört. Bei Jesus verschärft er sich noch unter den besonderen Bedingungen. Jedenfalls bleibt er ihm und seiner Familie nicht erspart. So löst sich Jesus schließlich von seiner Familie und geht seinen eigenen Weg. Damit zeigt er, daß er erwachsen und selbständig geworden ist. Gleichzeitig hat damit auch die Familie Gelegenheit, sich neu auf ihn einzustellen. Maria und der „Herrenbruder" Jakobus gehören ausdrücklich zu den Familienmitgliedern, die spätestens nach Ostern Anschluß an den Jüngerinnen- und Jüngerkreis finden, was natürlich eine tiefere Beziehung vorher nicht ausschließt. Sie liegt allerdings nicht im Blickfeld der Evangelisten (abgesehen vom Johannesevangelium, das ohnehin eine besondere Perspektive hat).

Markus überliefert zwei skandalöse Zusammenstöße zwischen Jesus und der Familie, die beide im Zusammenhang mit seinem öffentlichen Auftreten stehen. Sie lassen ein frühes Konkurrenzverhältnis zwischen der Familie und

den neuen „Schwestern und Brüdern" Jesu vermuten. Das
Markusevangelium, das bewußt Kontrastgeschichten zu-
sammenstellt, konfrontiert im Nebeneinander zweier Erzählungen „die Zwölf" und die Jesusfamilie. „Die Zwölf,
die er einsetzte", werden bei Markus näher gekennzeich-
net: „Er setzte zwölf ein, die er bei sich haben und die er
aussenden wollte, damit sie predigten und mit Vollmacht
Dämonen austrieben" (Mk 3, 15). Die also, die er bei sich
bzw. „mit sich" haben und „aussenden" will, sind die
Zwölf. Unter ihnen ist erkennbar kein Verwandter, jedenfalls spielt das für Jesus keine Rolle. Das mußte in der Familie zu Enttäuschungen führen. (Im übrigen wird es immer ein gewisses Spannungsverhältnis zwischen dem
Freundeskreis und der Familie eines Menschen geben; es
sind eben zwei Lebenskreise, die nicht zur Deckung zu
bringen sind.)
Als das Gedränge der vielen um Jesus immer größer wird,
„daß er und die Jünger nicht einmal mehr essen konnten"
(Mk 3, 23), will ihn die Familie zurückholen: „Als seine
Angehörigen davon hörten, machten sie sich auf den Weg,
um ihn mit Gewalt zurückzuholen; denn sie sagten: Er ist
von Sinnen" (Mk 3, 21). Nicht ohne Grund überliefern uns
Matthäus und Lukas, die sonst die Markustradition fast
ganz übernehmen, diese Stelle nicht. Die älteste Bemerkung in den Evangelien über das Verhältnis seiner Familie
zu ihm lautet also: Er ist verrückt!
Wie kommt es zu dieser Entfremdung? Wie konnte er damit leben, und warum reagiert er so bestimmt darauf?
Markus verschärft die Aussage noch, wenn er an dieses „Er
ist von Sinnen" das Urteil einiger Schriftgelehrter von Jerusalem anfügt, die sagen: „Er ist von Beelzebul besessen;
mit Hilfe des Anführers der Dämonen treibt er die Dämonen aus" (Mk 3, 22). Im Urteil der Familie „verrückt",
nach Aussage Jerusalemer Schriftgelehrter „besessen" –
weder aus dem einen noch aus dem anderen Kreis sucht er
die Zwölf, „die er bei sich haben und die er aussenden

67

wollte". Es sind nicht die Verwandten und nicht die Theologen, mit denen er sich umgibt. Es sind unbekannte, kleine Leute, Fischer zum Beispiel.

Unter den Verwandten, die ihn für verrückt erklären und ihn mit Gewalt zurückholen wollen – schließlich ist von seinem Verhalten die ganze Familie betroffen –, ist auch die Mutter: „Da kamen seine Mutter und seine Brüder, sie blieben vor dem Haus stehen und ließen ihn herausrufen" (Mk 3, 31). Im Orient ist es noch heute so: Die Kinder bleiben von der Familie, der Sippe, die in den alten Strukturen weiterexistieren, ein Leben lang abhängig. Die Familie „läßt herausrufen". Lukas mildert die Szene ab und sagt: „Sie konnten aber wegen der vielen Leute nicht zu ihm gelangen" (Lk 8, 19). Wahrscheinlich hatten zur Zeit der Abfassung der Evangelien bestimmte Kreise der Jesusfamilie, die sich zu ihm schon vor oder nach Ostern bekehrt hatten, kein Interesse daran, in ein schlechtes Licht zu geraten. Markus erzählt aber sehr unbefangen davon, wie der Sohn der Familie, der sich so verrückt verhält, zur Ordnung gerufen werden soll: Er soll zu ihnen herauskommen! Das Verhalten Jesu und seine Antwort sind allerdings alles andere als ordentlich und freundlich.

Als man ihm meldet: „Deine Mutter und deine Brüder stehen draußen und fragen nach dir", erwidert er: „Wer ist meine Mutter, und wer sind meine Brüder?" Der Text legt nahe, daß er sich nicht einmal erhebt und Anstalten macht hinauszugehen. Dieser Sohn läßt sich nicht mehr herausrufen. Damit ist aber die Lösung von der Familie vollzogen. Jesus geht seinen Weg. Er bestimmt und legt fest, wer zu seiner Familie gehört, nicht mehr sie: „Und er blickte auf die Menschen im Kreis, die um ihn herumsaßen, und sagte: Das hier sind meine Mutter und meine Brüder. Wer den Willen Gottes erfüllt, der ist für mich Bruder und Schwester und Mutter" (Mk 3, 34 f). Im Matthäusevangelium wird diese Antwort mit einer Geste begleitet: „Und streckte die Hand über seine Jünger aus..." (Mt 12, 49).

Die Antwort Jesu liegt auf der Linie des Zwölfjährigen, des Bar-Mizwah (Sohn des Gesetzes): Die Tora, der Wille Gottes, ist zur obersten Norm geworden, in der er lebt, nicht der Wille der Familie, der Mutter, der Geschwister, mögen sie noch so wohlwollend oder um sein Leben besorgt sein. Auch das lernt der Jude früh in der Synagoge, den Willen Gottes höher zu stellen als alles andere: „So ist das Gesetz auch stärker als die Liebe zu den Eltern, denn es gibt ihretwegen nicht die Tugend preis" (4 Makk 2, 10); freilich steht es auch höher als die Liebe zu den Kindern, „denn es bestraft sie im Falle einer Schlechtigkeit" (4 Makk 2, 12). Wenn Jesus in einer torafrommen Familie aufwuchs, dann hatte er auch das von seinen Eltern gelernt.

Von Josef, seinem Vater, so fällt auf, ist hier nicht (mehr) die Rede. Die meisten Bibelwissenschaftler vermuten, daß er zu diesem Zeitpunkt nicht mehr lebt, also das öffentliche Auftreten Jesu nicht mehr begleiten kann. Nach der frühkirchlichen Überlieferung war Josef schon ein älterer Mann, als er Maria heiratete. Als Witwer brachte er einige Kinder mit in die Ehe. So erklärt diese Überlieferung die „Geschwister" Jesu. Die Diskussionen der letzten Zeit zu diesem Thema haben gezeigt, daß je nach dem dogmatischen bzw. kirchlichen Vor-Urteil die Frage entschieden wird, ob die Geschwister Jesu leibliche Schwestern und Brüder waren oder nicht. Jedenfalls wird im Zusammenhang der Auseinandersetzung Jesu mit seiner Familie Josef nicht erwähnt, während die Mutter dabei eine wichtige Rolle spielt. Jesus erinnert also mit seinem Satz vom Willen Gottes, der durch die Überlieferung gedeckt ist, an das, was die Mutter, die Geschwister wissen sollten. Freilich ist bei allem die Distanz nicht zu überhören. Es liegt jetzt an der Familie, ob sie die neuen Beziehungen akzeptiert. Sie scheint es vorerst nicht getan zu haben.

Die zweite Begegnung mit der Sippe findet in seinem Heimatort Nazaret statt (vgl. Mk 6, 1 – 6a). Er kommt mit den Jüngern, der „neuen Familie", in sein Heimatdorf. Allein das muß schon für die Verwandten eine Provokation gewesen sein: Er kommt mit denen, die nicht zur Familie gehören, er bringt die mit, die jetzt „mit ihm" sind. Um ihretwillen, so muß es der Familie erscheinen, hat er sie verlassen. Entsprechend ist die Aufnahme.

Zunächst kommen sie aus dem Staunen nicht heraus, als er sie am Sabbat in der Synagoge belehrt – er, einer der ihrigen, den sie von Jugend auf kennen. Sie staunen und sagen: „Woher hat er das alles? Was ist das für eine Weisheit, die ihm gegeben ist, und was sind das für Wunder, die durch ihn geschehen! Ist das nicht der Zimmermann, der Sohn der Maria und der Bruder des Jakobus, Joses, Judas und Simon? Leben nicht seine Schwestern hier unter uns?" (Mk 6, 2 f).

Nun könnte solche Verwunderung auch in „Nachfolge" umschlagen – sie tut es nicht: „Sie nahmen Anstoß an ihm und lehnten ihn ab" (Mk 6, 3). Mußten sie nicht tatsächlich verärgert sein? Beim ersten Mal läßt er sie einfach draußen stehen, weil sie ihn zurückholen wollen, jetzt kommt er mit den Fremden, einer ganz neuen Sippe, und außerdem: Warum sammelt er nicht Menschen in seinem Heimatort um sich und macht das unbekannte Nazaret berühmt? Warum hat er sein Haus in Kafarnaum? Er mutet ihnen schon einiges zu, der Sohn der Maria, der Verwandte, auf den sie so große Hoffnung gesetzt haben – anders wäre die heftige Ablehnung nicht zu verstehen, die sich ja, wie alle Evangelisten bezeugen, durchaus mit Bewunderung verbindet.

Bewunderung und Ablehnung – dieses paradoxe Verhalten, dem auch ein paradoxes Gefühl entspricht, ist kennzeichnend für das Verhalten vieler zu ihm. Es ist in der biblischen Überlieferung gut beobachtet und trifft zugleich das Verhältnis vieler Menschen heute zu ihm. Die Ablehnung kann die Kehrseite der Bewunderung werden, wenn deutlich wird, daß eine Beziehung zu ihm zur Ver-

70

änderung des eigenen Lebens führen müßte. Da, wo der Mensch, den wir bewundern, die Bewunderung nicht bei sich behält, sondern die Frage stellt: Und was bedeutet das für dich selbst? Oder mehr noch: Entdecke die eigenen Kräfte und Gaben, die dich weiterbringen auf dem dir von Gott zugetrauten Weg, da, an dieser Stelle, wo Lebensarbeit und Veränderung geleistet werden müssen, da entscheidet sich, ob Bewunderung und Verehrung zur Abhängigkeit führen oder für das eigene unverwechselbare Leben frei machen. Die Kirche ist nicht immer der Gefahr entronnen, Bewunderung und Verehrung bei sich zu behalten und damit Menschen abhängig zu machen.

Bewunderung ohne Veränderung zur Lebenserweiterung – das hat Jesus, soweit wir das aus den Evangelien ablesen können, offensichtlich abgelehnt. Aber neben diesem allgemein menschlichen Grund (Bewunderung führt zur eigenen Lebensbehinderung) dürfen wir noch einen tieferen Grund annehmen. Wohin denn sollten sich die Verwandten, die Bewohner von Nazaret verändern?

Wenn zur Zeit Jesu in Galiläa sehr endzeitlich orientierte, torafromme Juden siedelten, die eher zu religiösem (und politischem) Rigorismus neigten als zu Lauheit, dann kann darin ein weiterer Grund für den tiefen Konflikt Jesu mit seiner Familie liegen. Nicht religiöses Desinteresse oder Ignoranz, sondern eine strenge Torafrömmigkeit, verbunden mit endzeitlichen Erwartungen, wäre dann der Grund der Auseinandersetzung. Sie läge zwischen den Leuten von Nazaret und ihm auf einer ähnlichen Ebene wie die Irritation, die Jesus bei Johannes dem Täufer auslöst: Er erfüllt bestimmte Erwartungen nicht. Und gleichzeitig lernt Jesus am Verhalten seines Lehrers und seiner Familie, wie schwer es ist, festgefügte Erwartungshaltungen, vor allem wenn sie religiös motiviert sind, aufzubrechen. Insofern ist die Familie für ihn auch ein gutes Lernfeld. Ihr Verhalten läßt ihn schon etwas von der Ablehnung anderer Gruppen spüren.

Warum ist Jesus nach der Gefangennahme Johannes des Täufers nicht nach Nazaret zurückgekehrt, wenn er schon nicht an der Stelle weitermachte, wo Johannes gepredigt und getauft hatte? Hätte es nicht nahegelegen, die eigene Familie für sich zu gewinnen und mit ihr zusammen das Reich Gottes zu verkünden? Es wird gewiß nicht nur die schöne und fruchtbare Landschaft am See gewesen sein, die ihn nach Kafarnaum trieb. Jesus kannte die religiösen Erwartungen seiner Familie, die mütterlicherseits mit Johannes verwandt war. Sie lagen wahrscheinlich gerade da, wo sie auch Johannes hatte: Umkehr zur Weisung Gottes als *Vorbedingung* für das Bestehen im Zorngericht Gottes. Das „Israel der Buße" würde gerettet, die Feinde Israels aber, die es gedemütigt hatten, würden vernichtet. Diese Einstellung konnte durchaus einhergehen mit der Überzeugung, dem Zorngericht Gottes könne man die Hand reichen durch (terroristische) Unternehmungen gegen die verhaßte Fremdherrschaft der Römer; ja, es sei sogar Gottes Wille, daß der Mensch mitwirke. Jesus hat sich sicher mit solchen Einstellungen auch in seinem Jüngerkreis auseinandersetzen müssen. Und deutet die Versuchungsgeschichte Jesu nicht an, daß ihm selbst diese Gedanken als „Versuchung" nicht fremd waren? Sie konnten ihm von zu Hause vertraut sein. Gerade weil Maria, die Mutter, in diesem endzeitlich-apokalyptischen Milieu lebte (ihr „Siegeslied", das „Hoch preist meine Seele den Herrn", Lk 1, 46 – 55, gibt Zeugnis davon) und ähnlich wie Johannes der Täufer gedacht haben mag, mußte sie durch den Sohn verunsichert worden sein.

Jesus hatte sich mit Johannes auseinandergesetzt und war zu einem anderen Weg gekommen. Für ihn hatte das „Gnadenjahr" (Jobeljahr) des Herrn *ohne* Vorbedingung angefangen. Er praktizierte eine barmherzige Auslegung der Tora, wie sie ihm schon sein Vater Josef vermittelt hatte. Er ging nicht nach Nazaret zurück, weil er die „Zeichen der Zeit" anders deutete als die Familie, die deswegen nicht weniger ernsthaft und fromm gewesen sein muß. Teile der Familie, zu ihnen gehörte auch die Mutter, lernten in der Auseinandersetzung, ihn zu verstehen und auf seinen Weg einzugehen. Sie mußten ebenso unter Tränen „Gehorsam lernen" wie er. Wie sollte ihnen dieser Weg auch erspart bleiben? Er ging zunächst über den Streit und das Unverständnis.

Lukas treibt den Konflikt mit den Leuten von Nazaret noch auf die Spitze, wenn er erzählt, daß sie ihn steinigen wollen. Das nämlich meint das Wort „hinabstürzen", wie rabbinische Texte zeigen (vgl. MSanh. 6, 4). „Sie sprangen auf und trieben Jesus zur Stadt hinaus; sie brachten ihn an den Abhang des Berges, auf dem ihre Stadt erbaut war, und wollten ihn hinabstürzen. Er aber schritt mitten durch die Menge hindurch und ging weg" (Lk 4, 29f).

Konflikte können beleben und lähmen. Sie lassen uns manches deutlicher erkennen: den eigenen Weg durch Leiderfahrung hindurch besser zu sehen. Sie haben aber auch eine schwere, lähmende Seite. Markus kennt diese dunkle Seite, wenn Jesus als „Ergebnis" der Auseinandersetzungen mit den „vielen Menschen" von Nazaret sagt: „Nirgends hat ein Prophet so wenig Ansehen wie in seiner Heimat, bei seinen Verwandten und in seiner Familie" (Mk 6, 4). Jesus erleidet „Prophetenschicksal", und er ahnt, vielleicht zum ersten Mal, in seiner Heimatstadt, daß er in diese Linie hineingestellt ist. Das ist mehr als eine allgemein menschliche Feststellung. „Prophetenschicksal" – das wird fortan eine Schlüsselerfahrung für ihn. Er soll damit später dunkle Stunden besser bestehen können. Auch darin wird ihm der zweite Teil des Jesajabuches helfen, der ihn mit dem „Lied vom leidenden Gottesknecht" (Jes 53) verstehen lehrt.

Die Erfahrung in Nazaret lähmt ihn. Markus scheut sich nicht zu sagen: „Er konnte dort keine Wunder tun" und, fast als kämen ihm dogmatische Bedenken, „nur einigen Kranken legte er die Hände auf und heilte sie". Eine tröstliche Feststellung: Auch Jesus ist menschlich abhängig von der Auf- und Annahme der anderen. Auch seine Kräfte sind gebunden, wenn sie nicht auf Menschen treffen, die ihm glauben, ihm etwas zutrauen. Er steht nicht „über den Dingen"; er ist angewiesen auf Sympathie – wie wir alle.

Die Geschichte, die Jesus mit seiner Familie erlebt, hat, so einmalig sie ist, doch auch Parallelen. Gerechterweise ist zu sagen: „Schuld" an den Schwierigkeiten muß nicht nur bei der Familie liegen. Familien haben es nicht leicht mit von Gott geliebten Kindern! Sollte Isaak etwa stolz auf den hinterlistigen Sohn Jakob sein, der ihn und Esau betrogen hatte? Und was mag die Abrahamssippe gedacht haben, als sich der Alte mit Sara noch in Bewegung setzte? War er noch bei Sinnen? Josef, der Liebling seines Vaters, hatte es schwer mit seinen Brüdern und sie mit ihm. Sollten sie seiner Sonderrolle applaudieren? Mose wuchs aus seiner Familie heraus und zog sich den Neid seiner Geschwister Mirjam und Aaron zu. Aber hatten sie nicht Grund zur Kritik? Ruth, die Moabiterin, verließ mit einer jüdischen Schwiegermutter ihre Heimat... Sie alle waren etwas „verrückt" und haben dafür zum Teil schwer „bezahlen" müssen. Nur weil sie nicht anders konnten, weil sie einem anderen Gesetz folgten, vermochten sie ihren Weg zu gehen. Aber unser Verständnis gehört auch den Familien. Es ist nicht einfach, mit Gott-Verrückten zu leben. Es ist auch nicht einfach, mit einem Gott zu leben, der Verrückte, Spieler, Sonderlinge und Abenteurer, „unordentliche" Menschen liebt. Andererseits: Wieviele meinten, ihre Sonderrolle in Familie und Gesellschaft (oder auch Kirche) sei von Gott gewollt? Aber sie täuschten sich und andere. Wir haben keinen Grund, Steine zu werfen, auch wenn Markus die Szene in Nazaret abschließt mit der Bemerkung: „Und er (Jesus) wunderte sich über ihren Unglauben" (Mk 6,6a).
Kein Evangelist hat das Verhältnis Jesu zu seiner Familie

unproblematisch dargestellt, auch der Evangelist Johannes nicht. Die Mutter ist davon nicht ausgenommen. Bei der Hochzeit zu Kana distanziert Jesus sich: „Was willst du von mir, Frau! Meine Stunde ist noch nicht gekommen" (Joh 2, 4). Am Kreuz sagt er nicht „Mutter". Er verweist sie auf den Jünger: „Frau, siehe, dein Sohn! Dann sagte er zu dem Jünger: Siehe, deine Mutter!" (Joh 19, 26f). Die Bewegung geht auch in dieser vom Johannesevangelisten gestalteten Szene von Jesus weg. Abgesehen davon, daß Johannes der einzige neutestamentliche Theologe ist, der Maria unter das Kreuz stellt (selbst Lukas, der das tiefste Marienbild zeichnet, weiß davon nichts), bei allen Evangelisten zieht sich die Einsicht durch, die Jesus in Nazaret formuliert hatte: „Nirgends hat ein Prophet so wenig Ansehen wie in seiner Heimat, bei seinen Verwandten und in seiner Familie" (Mk 6, 4).

In dieser Auseinandersetzung wird ein dunkles Geheimnis sichtbar. Der Prophet der Endzeit wurde als Bußprediger erwartet, deshalb überlegten viele „im stillen, ob Johannes nicht vielleicht selbst der Messias sei" (Lk 3, 16). Als der „Prophet der Endzeit" den Mund auftut, hat er ein tröstliches Wort. Als er die Hände öffnet, haben sie eine zärtliche, heilende Botschaft. Er will den Menschen die Angst nehmen und erfährt doch Unverstand und Ablehnung bis in die eigene Familie hinein. Aus der Schrift kann er wissen, daß das so sein muß. Später gibt er seinen Jüngern die selbsterfahrene Wirklichkeit mit auf den Weg: „...und die Hausgenossen eines Menschen werden seine Feinde sein" (vgl. Mt 10, 36).

Es ist offensichtlich so: Wenn wir festgefügte, auch angst machende Vorstellungen haben und ein Mensch kommt und sie uns nehmen will, dann verstehen wir ihn zunächst nicht. Oft löst die befreiende Botschaft neue Ängste und Unsicherheiten aus. Auch das mußte Jesus lernen und im Glauben aushalten.

In den biblischen Vorbildern gibt es – meist nach längerem Ringen – auch Versöhnung mit der Familie. Die klassischen Beispiele dafür sind Jakob und Esau und Josef und seine Brüder. Die eigentliche Versöhnung Jesu mit seiner Familie, oder jedenfalls einem Teil von ihr, findet erst nach Ostern statt, also nicht mehr vor seinem Tod. Da ist sie, wie auch seine Jünger, „abständig". Nach Ostern finden wir Maria und seine Brüder im Kreis der Apostel im Obergemach in Jerusalem „einmütig im Gebet" zusammen (vgl. Apg 1, 14). Der Herrenbruder Jakobus wird später Bischof von Jerusalem. Tod und Auferstehung Jesu haben die Familie und den Jüngerkreis zusammengeführt und miteinander versöhnt. Unter dem gemeinsamen Kreuz der Verfolgung stehen die Mutter (Repräsentantin der Familie) und „der Jünger, den Jesus liebte" (Stellvertreter für alle Jünger) zusammen und werden vom Gekreuzigten aufeinander verwiesen. Die Versöhnung vom Kreuz gilt allen, auch den beiden Gruppen, die Jesus lange nicht zusammenführen konnte, weil ihn jede für sich reklamierte und im entscheidenden Augenblick doch allein ließ.

Aber auch für die Hunde unter dem Tisch
fällt etwas von dem Brot ab,
das die Kinder essen.
Markus 7,28

5 Wie Jesus mit seinen Kräften umgeht und was er durch eine Frau lernt

Der Konflikt mit seiner Familie bleibt nicht der einzige. Er, der ausgezogen war, mit einer tröstlichen Botschaft den Menschen die Angst vor Gott zu nehmen, um so eine neue Gemeinschaft in aller Zerrissenheit Israels herzustellen, hatte am Ende alle gegen sich. Von den wenigen, die ihm noch gefolgt waren, wurde er dann auch verlassen. Die „Wahlfamilie", seine Jüngerinnen und Jünger, die ihm am Anfang begeistert gefolgt war, versteht ihn am Ende auch nicht mehr. Aber bis dahin hat Jesus einen langen Weg mit ihr zurückgelegt, einen Glaubensweg, der nicht nur die Jünger als Schüler zeichnet. Bei genauerem Hinsehen lernt auch Jesus selbst auf diesem Weg mit den Frauen und Männern, die ihn begleiten, und den Menschen, die ihm unterwegs, fast zufällig, begegnen. Sie alle, die er sieht und hört, aber auch die, die sie ihm vor die Füße legen, haben eine Botschaft an ihn. In der Begegnung mit ihnen, mit ihren Krankheiten, ihrer Schuld, ihren Fragen, ihrer Hinterhältigkeit, ihrer List, ihrer Beschränktheit, aber auch ihrer Beharrlichkeit, ihrer Treue und Anhänglichkeit lernt er den Weg, den Gott mit ihm gehen will. Und wenn er sich nach einem Tag voller Begegnungen in die Einsamkeit zurückzieht, dann wird er sich mit der Fra-

77

ge konfrontiert haben: Was will Gott, was will der „Abba"
mir damit sagen?

Die Evangelisten scheuen sich nicht, Jesus gerade in diesem Zusammenhang als Suchenden und Fragenden, als
Schüler darzustellen. Indem er die Begegnung und Erfahrung mit den Menschen in der Einsamkeit betend vor Gott
meditiert, lernt er, den nächsten Schritt zu tun. So erzählt
Markus: „In aller Frühe, als es noch dunkel war, stand er
auf und ging an einen einsamen Ort, um zu beten" (Mk
1,35). Vorausgegangen ist ein Sabbat in Kafarnaum, den er
als Jude geheiligt hat. Mit den Männern hat er den Vormit-
tag in der Synagoge verbracht; er hat ihnen die Schrift ausgelegt. Der Synagogenvorsteher konnte dazu Gäste einla-
den, die ein erklärendes Wort sagten. In der Synagoge von
Nazaret war Jesu Predigt bei einer solchen Gelegenheit auf
Ablehnung gestoßen. In Kafarnaum ereignete sich zunächst das Gegenteil: „Die Menschen waren sehr betroffen
von seiner Lehre; denn er lehrte sie wie einer, der (göttli-
che) Vollmacht hat, nicht wie die Schriftgelehrten" (Mk
1,22). Verstärkt wurde dieser Eindruck noch durch die
Konfrontation mit einem Kranken, einem „besessenen"
Mann, der zu schreien begann: „Was haben wir mit dir zu
tun, Jesus von Nazaret? Bist du gekommen, um uns ins
Verderben zu stürzen? Ich weiß, wer du bist: Der Heilige
Gottes" (Mk 1,24).

Der Kranke hatte eine wichtige Angst formuliert, gegen
die Jesus oft zu kämpfen hatte. Er, der „geliebte Sohn",
wollte mit den Menschen seinen menschenfreundlichen
Gott teilen. Er sagte ihnen: „Die Zeit ist erfüllt, das Reich
Gottes ist nahe" (Mk 1,15). Er sagte es, weil er Gott selbst
so erlebte und in der Wüste erlebt hatte. Er drängte die
Menschen, sich dieser guten Nachricht zuzuwenden und
an *dieses* Evangelium zu glauben (sicher auch in Abgrenzung zu Johannes). Er wollte ihnen die Angst nehmen und
mit ihnen das Reich Gottes feiern, den großen Sabbat der
Endzeit, das endgültige Jobeljahr.

Aber die Angst steckte in den Menschen: Wenn Gottes Zeit anbräche, dann bedeutete das für viele zunächst Vernichtung: „Bist du gekommen, um uns ins Verderben zu stürzen?" Das war die Nachricht der Bußprediger und auch, bis zu einem gewissen Grad, die Botschaft des Täufers gewesen: „Der Kommende" sollte zunächst einmal die Spreu vom Weizen trennen (vgl. Lk 3, 17). Offensichtlich konnten sich die Menschen in ihren eigenen unbarmherzigen Verhältnissen einen Gott ohne Zorn, einen Gott mit einem barmherzigen Wort für sie nicht vorstellen. Sie „witterten" in der Nähe Gottes, seines Königtums, zunächst den „Feuerofen". Spielten die katastrophalen Erfahrungen mit den „Königen dieser Welt" dabei eine Rolle? Gutgemeinte Bildworte vermitteln manchmal Vorstellungen, die nicht angenehm sind, wenn sich negative Vorerfahrungen melden. Das Wort vom Königtum konnte dazu gehören, denn insgesamt war Israels Erfahrung mit Königtum katastrophal gewesen. Und was die Menschen zur Zeit Jesu an Königtum erlebten, war alles andere als vertrauenerweckend. Nur die Vorstellung eines endzeitlichen Königs, eines wiederkehrenden Davids hatte manchen Theologen das Wort vom Königtum wieder aufnehmen lassen. Am radikalsten waren aber wohl die, die nur noch vom Königtum Gottes sprachen und von menschlichen Königen rein gar nichts mehr erwarteten. Das Wort vom Königtum war also geschichtlich belastet und geeignet, Ängste auszulösen bzw. zu verstärken – auch im Zusammenhang mit Gott, von dem die Apokalyptiker behaupteten, erst werde alles vernichtet, ehe Gott eine neue Welt aufbaue.
„Bist du gekommen, uns ins Verderben zu stürzen? Ich weiß, wer du bist: der Heilige Gottes." Auch das war tiefe, religiöse Erfahrung in Israel: Wer mit der Heiligkeit Gottes konfrontiert wird, glaubt sich verloren. Jesaja, der im Tempel die Heiligkeit Gottes erlebt, sagt: „Weh mir, ich bin verloren. Denn ich bin ein Mann mit unreinen Lippen und lebe mitten in einem Volk mit unreinen Lippen, und

meine Augen haben den König, den Herrn der Heere, gesehen..." (Jes 6,5). Jesaja bleibt nur durch das Eingreifen
Gottes am Leben.

Der Kranke in der Synagoge von Kafarnaum formuliert
also eine sehr ursprüngliche Angst. Sie mag aber auch
noch verbunden gewesen sein mit einer sehr politischen
Angst. Wenn Jesus vom Kommen des Gottesreiches
sprach, konnte das politisch mißverstanden werden und
entweder Begeisterung auslösen oder – bei den Mächtigen, vor allem den Römern – eine Gegenreaktion heraus-
fordern. Tatsächlich wird Jesus später unter einem politischen Titel, „König der Juden", von den Römern hinge-
richtet. Schon kleinere Anlässe waren von den Römern zu
großen Gegenschlägen benutzt worden, die Teile der jüdischen Bevölkerung ins Verderben gestürzt hatten. Auch
Jesus konnte ein willkommener Anlaß für die römische
Militärdiktatur zum Verderben seiner jüdischen Schwestern und Brüder werden! Für Jesus ergab sich damit eine
große Schwierigkeit. Er mußte, wollte er nicht mißverstanden werden, lernen, sich so verständlich zu machen,
daß er weder unnötige Ängste noch falsche Hoffnungen
weckte. Es ist ihm längst nicht immer gelungen. Sein ganzer öffentlicher Lebensweg zeigt es bis zum Kreuz.

Jesus reagiert unmittelbar auf die Angst des Kranken, der,
wie Markus betont, von einem „unreinen Geist besessen"
ist und deshalb so redet. Jesus befiehlt ihm: „Schweig und
verlaß ihn!" (Mk 1,25). Indem Jesus die Ängste, diese unreinen Geister, die den Menschen in Besitz nehmen,
bannt, öffnet er die Menschen für die Botschaft von Gottes
Königtum, das gerade nicht mehr auf Angst aufbauen will
wie all die vielen Königreiche, die Menschen erbauen, die
sie erleben und unter denen sie leiden – innen und außen.
In der unmittelbar spontanen Art der Reaktion Jesu liegt
aber auch das: Er spürt, daß ihm hier eine Gefahr wächst.
Nach dem Synagogengottesdienst, dem Studium der Tora,

der Auslegung, dem Gebet begegnet Jesus im Haus des Simon und Andreas einer kranken Frau (der besessene Mann
in der Synagoge, die fieberkranke Frau im Haus), die durch
ihr Fieber behindert ist, den zweiten Teil des Sabbatgottes-
dienstes, der ihr im Haus zugedacht ist, mit den aus der
Synagoge heimkehrenden Männern zu feiern. Die Männer
„sprachen mit Jesus über sie", sagt der Evangelientext (vgl.
Mk 1, 30). War es eine Für-Bitte? Sie waren Zeugen seiner
Begegnung mit dem kranken Mann in der Synagoge geworden. Erwarteten sie jetzt eine Machtdemonstration bei der
Schwiegermutter des Petrus? Wie auch immer: Jesus „ging
zu ihr, faßte sie an der Hand und richtete sie auf. Da wich
das Fieber von ihr, und sie sorgte für sie" (Mk 1, 31). Die
Feier des Sabbats, der zweite Teil im Haus, konnte weitergehen.
Alle sollen Anteil an dieser Feier haben, die Kranken nicht
ausgenommen. Und ohne Angst und Fieber sollen sie den
Tag begehen, den Gott um des Menschen Willen gemacht
hat. Mit Angst und Fieber hat der Mensch nicht die nötige
Sabbatruhe. So wird zeichenhaft bereits in diesen Begegnungen – durch die Komposition des Markus am Beginn
seines Evangeliums – deutlich, was Jesus meint, wenn er
davon spricht: „Die Zeit ist erfüllt, das Reich Gottes ist
nahe" (Mk 1, 15).
Jesus geht es um die „gesunde" Sabbatruhe des Menschen
und nicht um irgendwelche Heilpraktiken. Das zeigt auch
die Fortsetzung der Geschichte, wie Markus sie gestaltet.
Die Leute von Kafarnaum respektieren die Sabbatruhe,
und erst als der Sabbat vorüber ist, „am Abend, als die Sonne untergegangen war, brachte man alle Kranken und Besessenen zu Jesus" (Mk 1, 32). In Folge seiner guten Tat legen die Menschen Jesus ihr ganzes Elend vor die Füße. Die
Bibelwissenschaftler nennen diesen kleinen Abschnitt,
der von der Heilung vieler Kranker spricht, in ihren literarischen Kategorien einen „Sammelbericht". Dahinter
steht aber tatsächlich eine tiefe Erfahrung. Da, wo Men-

81

schen Heilung und Heil vermuten, zieht es sie unwider-
stehlich hin. Menschen, von denen gute Kräfte ausgehen,
werden zu Anziehungspunkten, Magneten, die „alle an
sich ziehen". Wenn sie ihm ihre Kranken, Dämonisierten
bringen, ihre Not also, zeigen sie, wie schon die geringste
Heilerfahrung kollektive Hoffnungen mobilisiert und in
Bewegung setzt.

Für den, der plötzlich zum Mittelpunkt solcher Hoffnungen geworden ist, steigt die Versuchung auf, mit den Menschen „etwas zu machen", sie zu verführen, sie abhängig
zu machen und sich ständig durch sie bestätigen zu lassen.
Jesus hat nicht souverän über solchen Versuchungen gestanden, wie uns die „Versuchungsgeschichten" gezeigt
haben. Sie waren ihm nahe, und er mußte lernen, sich im
konkreten Leben damit auseinanderzusetzen, zumal solche Versuchungen ein stets anderes Gesicht haben. Die
größte Versuchung ist sicher da, wo sie unter dem Vor-
wand des Helfens und Heilens begegnet, also unter zunächst positiven Anzeichen. Auf der Seite des Helfenden
heißt sie: „Ich bin immer für dich da." Auf der Seite der
Bittsteller kann sie lauten: „Du mußt immer für mich da
sein, ich bin ohne dich völlig hilflos." Beide Einstellungen
können, wie die Erfahrung lehrt und die Humanwissen-
schaften reflektiert haben, bis zur gegenseitigen Erpressung führen, die Helfende und Hilfesuchende in eine heil-
lose Abhängigkeit treibt.
Solche unheilvolle „Erpressung" spielt auch in der Beziehung zu Gott eine Rolle. „Du mußt mir helfen", lautet die
Forderung des Menschen, und sie korrespondiert einem
Gottesbild: „Ich stehe dir immer zur Verfügung!" In seiner
Schwäche und Begrenztheit macht sich der Mensch noch
kleiner und appelliert an die Allmacht Gottes, dem alle
Verantwortung für den Menschen zugespielt wird – der
natürlich dann auch die Schuld trägt, wenn der Mensch
scheitert. Eine solche Beziehung kann auf die Dauer kei-

nen Bestand haben; sie entspricht den Forderungen des kleinen Kindes und hat nur dort ihre Berechtigung. Viele Menschen entwickeln sich von dieser kindlichen Stufe nicht weiter und erwarten ein Leben lang, Gott werde die Dinge schon für sie regeln. Sie behaupten, sie könnten sie nicht selbst in die Hand nehmen. Und weil sie eines Tages feststellen, Gott regelt tatsächlich die Dinge nicht alle, ist er für sie erledigt – oder sie verzweifeln an ihm, ohne zu merken, welche Chance gerade darin liegt, daß Gott ihnen selbst etwas zutraut.

Da, wo solche Allmachtserwartungen auf Menschen übertragen werden, kann die Versuchung entstehen, ihnen tatsächlich gerecht werden zu wollen. Es ist nicht leicht, sich hier abzugrenzen.

Auch Jesus mußte diese Abgrenzung in der Begegnung mit einzelnen und mit ganzen Gruppen lernen. In einigen Heilungserzählungen, die uns die Evangelien überliefern, trennt sich Jesus von den Geheilten. Er schickt sie weg, ruft sie nicht in den Kreis derer, die ihm nachgehen. Das beginnt schon damit, daß er den Hilfesuchenden eine Frage stellt: „Was willst du, soll ich dir tun?" (Mk 10,51). Die Frage scheint aufs erste unsinnig. Bartimäus, der Blinde am Straßenrand von Jericho, hat gerufen, geschrien, hat sich von den Menschen nicht mundtot machen lassen und steht nun vor ihm. Sieht Jesus nicht, daß er blind ist? Was soll also die Frage? Oder was bedeutet es, wenn Jesus die beiden Emmausjünger auf ihrem traurigen Weg fragt: „Was sind das für Dinge, über die ihr auf eurem Weg miteinander redet?" (Lk 24,17).

Natürlich bekommt dadurch die Erzählung eine Spannung, aber sie liegt nicht nur in einem „literarischen Kunstgriff". Durch die Frage haben die Betroffenen Gelegenheit, sich auszusprechen, ihre Not, ihre Traurigkeit zu formulieren. Der helfende Mensch begegnet nicht sofort als der, der alles weiß. Wie oft treffen wir Menschen, die sagen: „Ich weiß, was dir guttut!" Sie fragen nicht. Scheinbar lesen sie uns alles an den Augen ab – und machen uns un-mündig. Sie begegnen uns immer schon in der Haltung der Besserwisser und sind deshalb keine Hilfe. Die beiden auf dem Weg nach Emmaus können ihre Trauer artikulieren, Bartimäus seine Bitte. Er könnte auch sagen: „Gib mir Geld" und sich damit begnügen. Jesus möchte hören, was Bartimäus will, um ihm dann zu sagen: „Du sollst wieder sehen. Dein Glaube hat dich heil gemacht" (Mk 18, 42). Jesus hört die Ausweglosigkeit der beiden Jünger nach Emmaus und kann ihnen dann erklären, was sie nicht verstehen, mit den Mitteln, die sie verstehen: mit Mose (Tora) und allen Propheten – mit der ganzen Schrift (vgl. Lk 24, 27).

Was kranke Menschen aus eigener Kraft können, das sollen sie selbst tun; nur so können sie heil werden. Aber um das zu erfahren, beginnt das Gespräch mit einer Frage. Jesus „weiß" nicht von vornherein, was der andere will. Deshalb lernt er die Menschen so gut kennen, weiß er um ihre Erwartungen und Hoffnungen, kennt er aber auch ihre Lügen und Verschlagenheiten. Er lernt den ganzen Menschen kennen und entdeckt in der Tiefe des Menschen Kräfte, die ihm helfen, heil zu werden. Er wird allerdings auch konfrontiert mit den zerstörerischen Mächten. So ist es nicht nur eine rhetorische Floskel, wenn er Bartimäus sagt: „Dein Glaube hat dich heil gemacht" (Mk 10, 52). Die eigentliche Macht Jesu besteht nach dieser beispielhaften Erzählung darin, daß Jesus fragt (was willst du?) und Bartimäus auf seine eigenen Glaubenskräfte verweist (dein Glaube hat dich heil gemacht).

Es scheint oft sehr schwer zu sein, die eigenen, tiefen (Glaubens-) Kräfte zu entdecken, bis ein Mensch kommt, der uns die Augen dafür öffnet. Bei Bartimäus liegt diese Glaubenskraft in seiner Fähigkeit, nach Jesus zu schreien, seinen Mantel abzuwerfen, aufzuspringen, zu Jesus hinzulaufen und ihm schließlich zu sagen, was er will. In wenigen Worten spielt sich hier ein ganzer Glaubensweg ab, den Jesus entdeckt. Und so braucht er nicht zu sagen: „Ich heile dich" oder „ich habe dich geheilt". Der Kranke selbst hat seine Heilung getätigt.

Es gibt andere Beispiele, in denen Jesus Menschen begegnet, die nicht (mehr) in der Lage sind, aus eigenen Kräften aufzustehen. Sie sind tot, oder ihre Kräfte „schlafen" so tief, daß sie aufgeweckt werden müssen. Für Jesus gehört ein geschärfter Sinn dazu, hier die Grenzen zu erkennen.

In der Verbindung zweier Heilungserzählungen begegnen wir zwei Frauen, von denen die eine nicht in der Lage ist, sich aufzurichten, die andere aber erwachsen genug ist, um selbst noch handeln zu können. Markus erzählt von der zwölfjährigen Tochter des Synagogenvorstehers Jairus und der Frau, „die schon zwölf Jahre an Blutungen litt" (Mk 5, 21 – 43). Als die Tochter des Jairus geboren wurde, begannen bei der ungenannten Frau die Blutungen.

Die beiden ineinandergebauten Erzählungen haben viele Aspekte. In unserem Zusammenhang sei auf diesen hingewiesen: Der *erwachsenen* Frau, die verschiedene Phasen des Handelns durchläuft (von den Ärzten bis zu Jesus), kann Jesus schließlich sagen: „Meine Tochter, dein Glaube hat dir geholfen!" (Mk 5, 34). Das Mädchen an der Grenze vom Kindsein zum Erwachsenwerden ruft Jesus ins Leben, weil sie, „die schläft", nicht in der Lage ist, sich selbst aufzurichten. Deshalb gilt hier: „Mädchen, ich sage dir, steh auf!" (Mk 5, 41). Hier ist der Ruf von außen nötig.

Jesus bindet die Geheilten nicht an sich – anders als die Zwölf und andere Jüngerinnen und Jünger, die er ruft. Wenn die Geheilten ihm folgen, tun sie es aus freier Entscheidung. Bartimäus hört von Jesus: „Geh!" Aber er folgt Jesus auf seinem Weg (Mk 10, 52). Da, wo sich ein „Gefesselter" nach seiner Befreiung erneut „binden" will, schickt Jesus ihn nach Hause. Der Geheilte von Gerasa bittet ihn, bei ihm bleiben zu dürfen. Aber Jesus erlaubt es ihm nicht, sondern sagt: „Geh nach Hause, und berichte deiner Familie alles, was der Herr für dich getan und wie er Erbarmen mit dir gehabt hat" (Mk 5, 19). Es sind wenige Geheilte, denen Jesus erlaubt, ihm zu folgen. Maria von Magdala gehört nach dem Lukasevangelium dazu (vgl. Lk 8, 2). Will Jesus nicht, daß Menschen ihm nur aus Dankbarkeit folgen? Will er diese Anhänglichkeit nicht? Oder sollen sie vor Ort seine Taten verkünden, die sie am eigenen Leib erfahren haben? Aber selbst das verbietet er oft (vgl. etwa Mk 1, 44). Jedenfalls ist er nicht der Wundertäter, der seine „Geheilten" hinter sich herführt.

Das Motiv der Distanz begegnet uns immer wieder als roter Faden durch die Evangelien. Es gehört zu diesem „Wundertäter" dazu, weil er stets in Gefahr ist, mißverstanden zu werden. Sehr eindrücklich hat der Johannesevangelist das nach der Brotvermehrung dargestellt: „Als die Menschen das Zeichen sahen, das er getan hatte, sagten sie: Das ist wirklich der Prophet, der in die Welt kommen soll. Da erkannte Jesus, daß sie kommen würden, um ihn in ihre Gewalt zu bringen und zum König zu machen. Daher zog er sich wieder auf den Berg zurück, er allein" (Joh 6, 14 f).

Der Prophet und der König – in einer Person! Für jüdisches Denken war das eine nahezu unglaubliche Verbindung, denn sie waren niemals zusammengegangen: Prophetin, Prophet und König. Sie standen sich gegenüber, mal der Prophet mehr im Dienst des Königs (etwa Natan bei David – 2 Sam 12), mal der König, die Königin in deutlicher Abhängigkeit und Unterlegenheit zum Propheten (etwa Saul von Samuel – 1 Sam). Aus seiner jüdischen Tradition kannte Jesus diese Erzählungen. Auf seinen Pilgerwanderungen nach Jerusalem, wenn er an den Bergen Gilboas vorbeiwanderte, war die Saulgeschichte gegenwärtig, wenn er an Skythopolis vorbeizog, dem alten Bet-Schean, wo sie Sauls Leichnam an die Mauer geheftet hatten (vgl. 1 Sam 31, 10). Er kannte die Spannungen zwischen Samuel, dem Propheten, und Saul, dem König. Er wußte, wie Samuel gegen das Königtum gekämpft hatte (1 Sam 8) und wie Sauls Geschichte in einer Katastrophe endete. Vielleicht kannte er auch die Verse auswendig, die Samuel Israel eingegraben hatte, als sie auf dem König bestanden. „Das werden die Rechte des Königs sein, der über euch herrschen wird: Er wird eure Söhne holen und sie für sich bei seinen Wagen und Pferden verwenden, und sie werden vor seinem Wagen herlaufen... Sie müssen sein Ackerland pflügen und seine Ernte einbringen... Eure Töchter wird er holen, damit sie ihm Salben zubereiten und kochen und backen... Ihr selber werdet seine Sklaven sein..." (1 Sam 8, 11 – 18). Israel aber bestand trotz allem auf dem König: „Nein, ein König soll über uns herrschen... Unser König soll uns Recht sprechen, er soll vor uns herziehen und soll unsere Kriege führen" (1 Sam 8, 19 f). Zusammengekommen waren sie nie, König und Prophet. Ein tiefer Graben lag zwischen ihnen, der nötig war, damit beide ihre Aufgaben erfüllen konnten.

Und nun entdeckt der Johannesevangelist, wie in Jesus beide Gestalten, der gerufene Prophet und der gesalbte König, in einer tiefen Umdeutung zusammenwachsen, die einem gewaltigen Lernprozeß in Jesus selbst entspricht. Dieser Prozeß beginnt mit einer Abgrenzung gegenüber denen, die ihn in ihre Allmachtsvorstellungen stecken wollen, vor allem, was den König betrifft. Erst als er keine Sorge mehr haben muß, daß Irrtümer entstehen, erst als er gefangen vor PILATUS steht, ganz unköniglich, erst dann steht er dazu: „Du sagst es, ich bin ein König..." (Joh 18, 37). Aber zu diesem Zeitpunkt ist entschieden: Jesus hat seine Leute nicht für sich kämpfen lassen, er hat sie nicht vor seinen Wagen gespannt und zu Sklaven gemacht. Er war nicht vor ihnen in den Krieg gezogen. Und sie wären ihm sicher gefolgt. Die Sklaven nannte er „Freunde" (Joh 15, 14 f), und nach Ostern sind sie seine „Brüder" (Joh 20, 17). Ja, sie sollten sein Ackerland pflügen und seine

Ernte einbringen, aber als er davon sprach, meinte er etwas ganz anderes damit als die „Herren der Welt". Und als eine „Tochter" ihn salbte, salbte sie den „Passionskönig" „für den Tag seines Begräbnisses" (Joh 12, 7).

Er ist am Ende und in der österlichen Vollendung Prophet und König, der *eine* Gerufene und Gesalbte, „aus der Mitte der Brüder" genommen, wie es die deuteronomische Gesetzessammlung vorsah. Denn darauf bestand sie sowohl beim König wie beim Propheten: „Nur aus der Mitte deiner Brüder darfst du einen König über dich einsetzen" (Dtn 17, 15). Und „einen Propheten wie mich wird dir der Herr, dein Gott, aus deiner Mitte, unter deinen Brüdern erstehen lassen. Auf ihn sollt ihr hören" (Dtn 18, 15.18).

Für den Johannesevangelisten hat Gott endgültig den König und Propheten erstehen lassen inmitten der Brüder, als der Auferstandene „in ihre Mitte" trat und ihnen sagte: „Friede sei mit euch!" (Joh 20, 19). Aber dieser prophetische König und königliche Prophet ist zu seinen Lebzeiten schwer zu entdecken – und er muß sich im Laufe seines Lebens auch erst selbst entdecken. Wie schwer das für ihn war, zeigen die alten Passionsüberlieferungen, wie sie uns vor allem bei Markus und Matthäus begegnen. Wir werden darauf zurückkommen.

Sich abgrenzen gegen falsche Vorstellungen und Erwartungen und doch zu der ihm von Gott zugedachten Aufgabe finden, das war, wie die Evangelien erzählen, für ihn eine Lebensaufgabe. Dabei haben wir schon gesehen, daß von allen Seiten Erwartungen an ihn herangetragen wurden: von der Familie, den schriftkundigen Theologen, den Pharisäern (einige hielten ihn aufgrund seiner weiten Gesetzesauslegung eine Zeitlang für einen der ihren), aber auch den vielen, bei denen er durch sein heilendes Verhalten Erwartungen auslöste, die ihn – in ihrem Sinn – zum „Propheten" und „König", zum wundertätigen Arzt und zur messianischen Gestalt machten.

Was sich nach Ostern in judenchristlichen Gemeinden und später auch in mehr heidenchristlichen Gemeinden an tiefem Nachdenken über ihn entwickelte, das hatte – wenn auch oft verquert – seinen Beginn schon vor Ostern. Weil er so lehrte und handelte, wie er uns durch alle theologische Reflexion und Meditation des Neuen Testamentes hindurch entgegentritt, mußte er die persönlichen und kollektiven Hoffnungen von Enttäuschten, Wartenden, Glaubenden, die ihm begegneten, auf sich ziehen. Er wurde am Ende nicht das Produkt all dieser Erwartungen (auch das hätte zu seinem Scheitern geführt), weil er die Fähigkeit besaß, sich zurückzuziehen. Diese Rückzüge waren keine „kleinen Fluchten". Wenn er bewußt die Einsamkeit aufsuchte, dann suchte er Gott und lauschte lange in den aufgehenden Tag oder die Stille des Abends (vgl. Mk 6,46) und betete. Was sich hier vollzog zwischen ihm und Gott, wissen wir nicht. Aber er wußte anschließend, was er wollte.

Er wußte es auch, als ihn die Jünger nach jenem ereignisreichen Tag in Kafarnaum, den Markus so dicht gestaltet hat, an einem einsamen Ort in aller Frühe beim Gebet finden. „Alle suchen dich", sagen sie: Es ist, als würden wir ihre vorwurfsvolle Stimme hören, die zugleich voller Bewunderung für den Meister ist. Seine Reaktion gleicht sehr dem Verhalten gegenüber der eigenen Familie. Er antwortet: „Laßt uns anderswohin gehen, in die benachbarten Dörfer, damit ich auch dort predige, denn dazu bin ich gekommen" (Mk 1,37f).

Für Markus entspringt dieses gegenüber den Bewohnern von Kafarnaum abweisende Verhalten nicht einer momentanen Laune, es ist das Ergebnis jenes morgendlichen Gebetes, in dem er Abstand von den festhaltenden Erwartungen der Jünger und der Leute von Kafarnaum gewinnen konnte, um sich den „benachbarten Dörfern" zuzuwenden. Ehe er für die Menschen zum Lehrer wird, ist er selbst, in aller Frühe, als es noch dunkel war, in die „Schule" gegangen und hat seinem „Rabbi" zugehört, hat sich von Gott belehren lassen.

Die Bereitschaft für *alle* Menschen, nicht nur für wenige, die ihn gewiß auch „rund um die Uhr" mit ihren Sorgen beschäftigen konnten, läßt ihn auch offen sein, von Menschen in der unmittelbaren Begegnung zu lernen. Der Mensch, der ihm gegenübertritt, kann für ihn zur Tora Gottes werden: Aus seinen Worten, seinen Bitten, seinen Wünschen lernt Jesus, den Willen Gottes zu hören. Die Gesichter der Menschen, ihre verkrüppelten Hände, ihre lahmen Beine, ihre blinden Augen und ihre von Lasten bedrückten Schultern sind eine offene „Torarolle" für ihn, die er zu lesen lernt. Daß solches Lernen auch für ihn nicht einfach war und sogar zu einer „Umkehr" führen konnte, zeigt eine Szene, die uns Markus (und Matthäus) überliefert hat. In der Gestaltung dieser Szene ist sehr genau der Zusammenhang zu beachten, weil er ein zusätzliches Licht auf die Geschichte wirft.

Fast in der Mitte zwischen zwei Brotvermehrungen begegnet Jesus einer Nichtjüdin, einer Frau, „von Geburt Syrophönizierin", einer Heidin (vgl. Mk 7,26).

Die erste Brotvermehrung, bei der viele Menschen mit fünf Broten und zwei Fischen gespeist werden, endet in der Fülle: „Und alle aßen und wurden satt. Als die Jünger die Reste der Brote und auch der Fische einsammelten, wurden zwölf Körbe voll" (Mk 6,42f). Das ist ein deutlich endzeitliches Zeichen für Israel, das Zwölfstämme-Volk: Sie alle werden satt, endzeitliche Fülle ist angesagt. Der Johannesevangelist wird diese Brotvermehrung in einer großen Brotrede meditieren (vgl. Joh 6,22 – 59).

Jesus verläßt bald darauf, nach einer Auseinandersetzung mit Pharisäern und einigen Schriftgelehrten über die Frage von Reinheit und Unreinheit, das Gebiet des Herodes und zieht sich, so meint er, inkognito in das Gebiet von Tyrus zurück. Damit ist der nordwestlichste Punkt im Wander-

90

leben Jesu bezeugt – im alten Gebiet des Stammes Ascher. Zur Zeit Jesu ist es die Provinz Syrien. Seinen Sohn Ascher segnet der alte Stammvater Jakob mit den Worten: „Ascher, fett ist sein Brot, Königskost liefert er" (Gen 49, 20). Vom Brot ist auch in der Begegnung Jesu mit einer Frau die Rede, „deren Tochter von einem unreinen Geist besessen war" (Mk 7, 25); Matthäus nennt sie eine „kanaanäische Frau" (Mt 15, 22) – sie ist offensichtlich keine Jüdin. Die Mutter bittet Jesus, „aus ihrer Tochter den Dämon auszutreiben" (Mk 7, 26).

Die Antwort Jesu ist, gemessen am „normalen" Jesusbild, unerhört. Er sagt ihr: „Laßt zuerst die Kinder satt werden; denn es ist nicht recht, das Brot den Kindern wegzunehmen und den Hunden vorzuwerfen" (Mk 7, 27). „Hunde" – ein jüdisches Schimpfwort für Heiden, das schon zur Zeit Jesu durchaus üblich ist, wie rabbinische Texte belegen (vgl. bTanch 107 b – Warschau). Aber entschuldigt ihn das? In Jesu Mund dieses Schimpfwort einer Frau gesagt? Vielleicht bricht Jesus an keiner Stelle in der Bibel so aus unserem „Liebe-Heiland-Bild" heraus wie in diesem Augenblick. Der Bibelwissenschaftler GERD THEISSEN vermutet noch eine sozialkritische Note in dieser Abweisung: Tyrus und Sidon, die heidnischen Küstengebiete, wurden von Juden aus dem Innern des Landes auf römischen Druck mit Getreide beliefert. Das Brot wurde also den „Kindern" weggenommen und den heidnischen „Hunden" vorgeworfen. Ein angestauter Ärger des Juden Jesus auf die Ausbeuter Israels! Dies würde Jesus zwar verständlicher machen; dennoch bleibt die Befremdung. Und sie sollte auch nicht dadurch weggewischt werden, daß man in all dem nur eine „Probe" sieht: Jesus wolle den Glauben der Frau „testen". Solche „Probe" wäre ebenso schwierig zu verstehen und würde das Ärgernis nicht wegnehmen, sondern steigern.

Immerhin – bei Markus bekommt die Frau noch eine Antwort. In der Erzählung des Matthäus gibt Jesus ihr zunächst nicht einmal dies (Mt 15, 23). Ärger? Oder ist es die Angst aufzufallen? Will er endlich Ruhe haben? Nicht schon wieder der Menschenauflauf? Die Bibel deutet an dieser Stelle nur an, fast so, als wäre selbst ihr die Verhaltensweise Jesu peinlich.

Bei Matthäus springen die Jünger ein. Sie treten an ihn heran und bitten: „Befreie sie (von ihrer Sorge), denn sie schreit hinter uns her" (Mt 15, 23). Auch bei ihnen ist es nicht Mitleid, sondern: Nur nicht auffallen! Nicht der Frau, den Jüngern gilt bei Matthäus die Antwort: „Ich bin nur zu den verlorenen Schafen des Hauses Israel gesandt" (Mt 15, 24). Das ist der Grund, den der Evangelist nennt. Eine wohlwollende Interpretation? Aber sie greift in das Zentrum: Für wen ist Jesus gekommen? Wem gilt seine Sendung? Natürlich galt sie in nachösterlich-missionarischer Sicht „allen Völkern", „allen Menschen" (Mt 28, 19). Aber war das vor Ostern auch schon so klar?

Wir, die späten Heiden (und „Hunde"), möchten gerne von ihm immer schon mitgemeint sein. Es ist schwer zu ertragen, wenn er, zumindest eine Zeitlang, nur seine Aufgabe für Israel sah: Sammlung der verlorenen Schafe Israels! Aber nicht, jedenfalls zunächst nicht, Sammlung der Völker.

Die Frau hätte allen Grund, bei der beleidigenden und abweisenden Haltung und Rede Jesu wegzugehen, den jüdischen Rabbi zu verfluchen, der sie und die Not ihrer Tochter so wenig beachtet. Wir müssen ihr dankbar sein, daß sie hartnäckig bleibt, voll Ausdauer und sich durch die Beleidigung nicht beirren läßt. Ihr Verhalten trägt Früchte für uns alle. Sie antwortet: „Ja, du hast recht, Herr! Aber auch für die Hunde unter dem Tisch fällt etwas von dem Brot ab, das die Kinder essen" (Mk 7, 28). Die Bewunderung gilt in dieser Erzählung der Frau: Sie greift die Beleidigung auf und verändert sie zu ihren Gunsten, widerlegt Jesus mit seinen eigenen Worten – und gewinnt!

„Er antwortete ihr: Weil du das gesagt hast, sage ich dir:

Geh nach Hause, der Dämon hat deine Tochter verlassen"
(Mk 7, 29). In der Antwort, die Jesus im Matthäusevangelium gibt, wird der Glaube der Frau betont: „Frau, dein
Glaube ist groß. Was du willst, soll geschehen" (Mt
15, 28).
Der Glaube der Frau (Glaube hat in der Bibel oft mit Beharrlichkeit zu tun) hat Jesus überzeugt. Er „bekehrt" sich
zu ihr, wendet sich ihr zu, hört und erhört ihre Bitte.

Die Geschichte ist in vieler Hinsicht bemerkenswert und
rätselhaft zugleich. Gerade deshalb gehört sie zum „Urge-
stein" des Neuen Testaments, ist nicht nur theologische
Reflexion, sondern auch Biographie Jesu.
Durch die namenlose Frau lernt Jesus: Er ist nicht nur für
die verlorenen Schafe des Hauses Israel da! Die Sammlung
aller Völker beginnt. Insofern hat die Frau für ihn eine Botschaft, die ihm in der Begegnung mit ihr gegeben wird und
die er vorher so nicht sah. Und er versteht sie: Er ist auch
für die „Hunde" (die Heiden) da.
Das Matthäusevangelium deutet in dieser Lernlinie eine
Steigerung an. Schon einmal, in Kafarnaum, war er einem
Heiden begegnet, einem römischen Hauptmann, der ihn
um Rettung seines kranken Dieners gebeten hatte. Nach
Lukas, der die Geschichte aus der gleichen Überlieferungs-
quelle kennt, schickt der Hauptmann einige jüdische Älteste zu Jesus mit der Bitte, zu kommen und den Diener zu
retten. Die Ältesten sagten Jesus: „Er verdient es, daß du
seine Bitte erfüllst; denn er liebt unser Volk und hat uns
die Synagoge gebaut" (Lk 7, 5) – ein Sympathisant Israels
also, aber doch offensichtlich (noch) kein Jude. Der Hauptmann weiß, daß sich ein frommer Jude durch das Betreten
eines heidnischen Hauses unrein macht. Also bittet er
Jesus nur um ein Wort, „dann wird mein Diener gesund"
(Mt 8, 8). Auch hier am Ende das Erstaunen Jesu: „Einen
solchen Glauben habe ich in Israel noch bei niemand gefunden" (Mt 8, 10).

Eine heidnische Frau, ein römischer Soldat – durch sie lernt Jesus eine neue Perspektive seiner Sendung zu den Menschen – so jedenfalls zeichnen es die Evangelisten. Zu einer großen „Heidenmission" hat sich Jesus allerdings auch durch diese Begegnungen nicht bewegen lassen.

Im Hintergrund taucht Jona auf, der nach 4 Kön 14, 25 aus Gat-Hefer stammt, in dessen Nähe später Nazaret erbaut wird. Das Buch Jona wird (wahrscheinlich nach dem babylonischen Exil) gegen religiösen Partikularismus geschrieben: Gott erbarmt sich, weil sie Buße in Sack und Asche tun, auch der heidnischen Stadt Ninive und ihrer Bewohner – und erweckt damit den Unwillen des Hebräers Jona. Schon die Sendung dorthin empfindet Jona als Zumutung und flieht „weit weg vom Herrn" (Jona 1, 3). Nachdem ihm dies mißlingt, erhofft er sich den Untergang für die Stadt. Aber auch dabei wird er eines Besseren belehrt. Als Gott den Glauben und die Umkehr der Leute von Ninive sieht, „da reute Gott das Unheil, das er ihnen angedroht hatte, und er führte die Drohung nicht aus" (Jona 3, 10). Jona bekehrt sich nicht. Gott verändert dagegen sein geplantes Verhalten und erbarmt sich der Heiden.

Vielleicht hat Jesus an seinen Landsmann Jona gedacht, als er den Glauben der Frau sah, die nicht locker ließ. Vielleicht erinnerte er sich an Jonas schlechtes und Gottes gutes Verhalten – und fiel nicht in Jonas Fehler, sondern ahmte Gott nach und lernte, den eigenen inneren Partikularismus zu überwinden. Zumindest den Evangelisten Matthäus und Lukas und ihrer Überlieferung waren der Prophet Jona und die Bekehrung der Leute von Ninive gegenwärtig. Das zeigt sich in einer recht deutlichen Antwort Jesu an einige Schriftgelehrten und Pharisäer, die ein Zeichen von ihm sehen wollen (vgl. Mt 12, 38 – 41 par Lk 11, 29 – 32).

Die Bekehrung Jesu zur heidnischen Frau, sein Lernprozeß hat Folgen. Noch einmal erzählt der Markusevangelist von

einer Brotvermehrung, der zweiten. Nach der für Jesus
lehrreichen Begegnung verläßt er das Gebiet von Tyrus
wieder „und kam über Sidon an den See von Galiläa, mitten in das Gebiet der Dekapolis" (Mk 7, 31). Er geht also
nicht nach Kafarnaum zurück ans galiläische Westufer, er
wendet sich dem Ostufer zu, dem größtenteils heidnischen Gebiet (wenn auch mit jüdischen „Neusiedlern" seit
der Hasmonäerzeit). In diesem Gebiet der Heiden kommt
es zu einer zweiten Speisung vieler Menschen. Manche Bibelwissenschaftler halten diese „Speisung der Viertau-
send" für eine Doublette der ersten Speisung, um den
Wundertäter noch stärker hervorzuheben: Jesus kann
nicht nur einmal das Brotwunder wirken, er kann es gleich
zweimal. Doch spätestens der Schluß der Erzählung läßt
aufhorchen: „Dann sammelte man die übriggebliebenen
Brotstücke ein, sieben Körbe voll" (Mk 8, 8). Bei der ersten
Brotvermehrung sind es zwölf Körbe, jetzt sammelt man
sieben Körbe.

Nach alter Überlieferung siedelten im Gebiet der Dekapolis sieben heidnische Stämme, so daß sich die sieben Körbe
auf diese Heidenvölker beziehen. Wie Jesus das Zwölfstämme-Volk Israel speist, so auch die Heiden. Das endzeitliche Mahl ist allen Menschen, Juden und Heiden, be-
reitet. Eine heidnische Frau hat mit ihrer Beharrlichkeit
dieses zweite Mahl bewirkt. Sie lockte geradezu aus Jesus
eine neue Einstellung zu den Heidenvölkern heraus. Die
spätere Heidenmission der jungen Kirche hatte hier eine
wichtige Belegstelle für sich. Es scheint nicht so, als habe
sie diese Erzählung erst „erfinden" müssen.

Habt ihr denn keine Augen, um zu sehen,
und keine Ohren, um zu hören?
Markus 8, 18

6 Wie Jesus enttäuscht wird und warum er in Jerusalem anders spricht als in Galiläa

Ein Jesus, der alles gewußt hätte, der nichts zu lernen brauchte, hätte auch nicht enttäuscht werden können. Wodurch auch? Im Grunde steckt hinter einem solchen Jesusbild eine sehr unmenschliche Vorstellung, die ihm nicht erlaubt, Mensch zu sein, einer von uns, damit aber auch nicht einer *für* uns. Wer könnte in allen Höhen und Tiefen mehr Vorbild sein? Für uns ist er Mensch auch deshalb, weil er unseren Glaubensweg mitgegangen ist und wir an ihm ablesen können, wie wir durch alle Krisen hindurch glauben können.
Der Glaubensweg Jesu ist ein Weg in die Krise und durch sie hindurch. Schauen wir genauer hin, läßt sich deutlich eine Entwicklung feststellen: Jesus predigt und handelt in Galiläa anders als in Jerusalem. Am Ende scheint es fast so, als hörten wir wieder Johannes den Täufer sprechen. Vom Gericht ist die Rede, von „Heulen und Zähneknirschen" (Mt 24, 51). Die Freude und Sicherheit von Galiläa („Das Reich Gottes hat angefangen") fehlen.
In Jerusalem wird Jesus plötzlich im Tempel gewalttätig, verflucht einen unschuldigen Feigenbaum (Mk 11, 12 – 19). Auf einmal scheint nicht mehr die Trostbotschaft des zweiten und dritten Teils des Jesajabuches die

prophetische Leitlinie zu sein. Wir hören Töne des Amos, des Jeremia, der Klagelieder und der apokalyptischen Zeitgenossen. Aus der Trostbotschaft ist eine sehr warnende und drohende Botschaft geworden.

Was hat zu dieser Veränderung geführt? Welcher Lernprozeß steht dahinter? Was liegt zwischen dem ersten Wort Jesu: „Die Zeit ist erfüllt, das Reich Gottes ist nah. Kehrt um, und glaubt an das Evangelium" (Mk 1, 15) und den letzten Worten: „Mein Gott, mein Gott, warum hast du mich verlassen?" (Mk 15, 35). Was ist geschehen, daß derjenige, der aus Gottes Barmherzigkeit und Nähe lebt und sie den Menschen vermitteln will, am Ende in das Schweigen Gottes stirbt?

Das alles bricht, wie die Evangelisten bezeugen, nicht aus „heiterem Himmel" über ihn herein. Der „Lieblingsschüler" Gottes durchlebt alle Stufen des Lernens. Dazu gehören Nähe und Distanz, Gemeinschaft und Einsamkeit, Mut und Angst, Reich Gottes und Reich des Todes...

Blicken wir noch einmal zurück. Der Toraschüler war aufgewachsen im endzeitlich-apokalyptischen Milieu seiner Familie und seiner Zeit. Seine Familie scheint in ihm einen messianischen Hoffnungsträger gesehen zu haben. Johannes der Täufer hatte ihn lange Zeit als „den Kommenden" angekündigt. Jesus hatte begonnen: „Die Zeit ist erfüllt!" So und in ähnlicher Weise beginnt Jesus bei allen Evangelisten. Auch das Johannesevangelium macht darin keine Ausnahme: Die ersten Jünger glauben, den Messias gefunden zu haben (Joh 1, 41). Jesus selbst gibt bei der Hochzeit von Kana ein Zeichen endzeitlicher Fülle und Erfüllung (Joh 2, 1 – 12). Er weiß sich von Gott geliebt und glaubt das auch für alle „Söhne und Töchter" Israels.

Jesus bringt diese tröstliche Botschaft gegen die Zeitverhältnisse zu den Menschen. Er sammelt die Zwölf um sich, zieht aus, um Israel, das in viele Gruppen zersplittert und zerstritten ist, zu sammeln. Er nimmt die Botschaft eines Jobeljahres ernst: Sie gilt für alle Bewohner des Landes ohne Ausnahme (vgl. Lev 25, 10). Anders als Johannes der Täufer glaubt er mehr an Gottes Gnade als an Gottes Zorn. Deshalb stellt er keine Vorbedingung. Er will die Menschen aufrichten und sie dann zu einem entsprechenden Leben motivieren. Er sieht, wie beladen und belastet die Leute sind. Deshalb liegt ihm daran, das Joch der Tora für die Menschen leicht zu machen. Er glaubt an einen barmherzigen Gott, der jetzt sein Königtum anbrechen läßt. So versteht Jesus das Jahr des Heiles Gottes, das Jobeljahr.

Diese Überzeugung formuliert er in immer neuen Spruchweisheiten und Midraschim (Auslegungen zur Heiligen Schrift). Er ist ein guter Gleichniserzähler; auch darin steht er in einer langen prophetischen Tradition. In seinen Gleichnissen kann er sich den (einfachen) Menschen verständlich machen. Sie können sich mit den handelnden Personen dieser Geschichten identifizieren. Sie können staunen, überrascht, gelassen und froh sein. Sie können sich über die „Helden" der Erzählungen ärgern – und entdecken am Ende sich selbst darin. Jesus hat die Sprache der Menschen gelernt. Es ist vor allem die Sprache des Erzählens.

Er hat Mitleid mit den kleinen Leuten, die zwar Teile der Tora auswendig kennen, die aber nicht die Möglichkeit haben, die Tora zu studieren und auszulegen, und deshalb den Schriftgelehrten ausgeliefert sind. Den „Kleinen" will er helfen und redet deshalb oft die „Multiplikatoren" an, die als geistliche Autorität „auf dem Stuhl des Mose" sitzen. Den Schriftgelehrten (Markus), „allen" Pharisäern (Matthäus), den Gesetzeslehrern (Lukas) zeigt er den Sinn aller Tora, wie er sie versteht, mit den Worten der Tradition: „Höre, Israel, der Herr, unser Gott, der Herr ist einer, und du sollst den Herrn, deinen Gott, aus deinem ganzen Herzen lieben und aus deiner ganzen Seele und aus deinem ganzen Gemüt und aus deiner ganzen Kraft. Das zweite ist dies: du sollst deinen Nächsten lieben wie dich selbst. Größer als diese ist kein anderes Gebot" (Mk 12, 29 – 31; Mt 22, 35 – 40; Lk 10, 25 – 28).

Die drei Evangelisten, die uns dieses Wort überliefern, zeigen zwar einen jeweils anderen Frageansatz und auch andere Adressaten, gemeinsam ist ihnen aber der Kern, den das Johannesevangelium so aufgreift: „Wie mich der Vater geliebt hat, so habe auch ich euch geliebt. Bleibt in meiner Liebe. Wenn ihr meine Gebote haltet, werdet ihr in meiner Liebe bleiben, so wie ich die Gebote meines Vaters gehalten habe und in seiner Liebe bleibe..." (Joh 15, 9 f).

Ohne die Tora-Botschaft Jesu zu sehr zu vereinfachen, aber sie liegt in diesem Kern und wird von ihm bis ins katastrophale Ende durchgehalten. Doch diese Botschaft ist unter „lautem Schreien und unter Tränen" (Hebr 5, 7) errungen und im „Feuerofen" erprobt. Er hätte Grund gehabt, anders zu reden und am Ende Gott und die Welt zu verfluchen aus seiner tiefen Enttäuschung heraus. Denn Enttäuschungen erlebte er genug, der „Lehrer der Barmherzigkeit", wie ihn Matthäus darstellt. Er erlebt selbst viel Unbarmherzigkeit: von der Familie, den Theologen, den Freunden... Die einzigen, die ihm bis zuletzt treu bleiben, sind einige Frauen, die ihm bis in die Nähe des Kreuzes folgen. Sie sind auch die ersten, die den verängstigten und schockierten Jüngern die Nachricht überbringen: Er lebt! Alle anderen lassen ihn am Ende im Stich. Für viele Menschen war die Botschaft, Gottes Königtum stehe ohne Feuergericht ins Haus und rage in die Zeit, so unglaublich, daß sie sich ihr nicht anzuschließen vermochten.

Wie oft hatte Gott sein Volk durch die Wüste geschickt, ins Exil, in die Unterdrückung? Und immer wieder hatten die Frommen Israels dafür die Schuld bei sich gesucht und Gott Recht gegeben. Und jetzt sollte das nicht gelten? Gott kommt ohne Zorn?

Die Provokation dieser Botschaft mußte vor allem da auftauchen, wo Jesus auf der Straße oder in den Häusern ohne große Riten und Gebete Sünden vergab – ein Gottesprivileg (Mk 2, 5; Joh 8, 1 – 11). Aber auch seine Heilungen gingen in die gleiche Richtung. Er wollte das umfassend leibseelische Heil der Menschen. Das alles geschah mitten in unheilen Verhältnissen, unter den mißtrauischen Augen der Herodesfamilie und der römischen Besatzung, unter den kritischen Augen der Theologen, vor allem der Priester-Sadduzäer, und unter den ungläubig staunenden Augen seiner Jünger.

Jesus löste offensichtlich keine große Bewegung aus. Warum blieb seine Anhängerschaft mit einigen Ausnahmen eine galiläische Angelegenheit? Eine kleine Bewegung der kleinen Leute? Gewiß sprechen die Evangelien hier und da von „den Sadduzäern", „den Pharisäern" (vgl. Mt 22, 34), auch „den Schriftgelehrten" und den „vielen Menschen" (Mk 4, 1). Aber diese Kollektivbezeichnungen können nicht darüber hinwegtäuschen, daß Jesus nie eine große Volksbewegung in Gang gesetzt hat, der sich viele Juden im damaligen Israel angeschlossen hätten. Das Echo auf seine Botschaft blieb gering und hielt sich in relativ engen geographischen Grenzen – weil sich an den politischen und religiösen Verhältnissen nichts sichtbar veränderte.

Jesus selbst hat dieses Problem empfunden. Einige Gleichnisse, die deutlich in die Galiläa-Zeit passen, lassen erkennen, wie er diese Situation zu verarbeiten sucht. Die Bilder, deren er sich dabei bedient, atmen die Luft der galiläischen Heimat. Sie können gut den Landleuten im fruchtbaren Küstenstreifen am See abgeschaut sein. Er lernt aus der Arbeit des Sämanns, daß nicht alle Saat aufgeht: Die Vögel fressen einen Teil, die Sonne versengt einen weiteren Teil, und die Dornen ersticken aufkeimende Saat. Aber das ist kein Grund zur Resignation: Der Teil, der auf guten Boden fällt, bringt seine Frucht, „die Saat ging auf und wuchs empor und trug dreißigfach, ja sechzigfach und hundertfach" (Mk 4, 8). So, wie mit der Saat, verhält es sich mit dem Reich Gottes. Es wird sich, will Jesus seinen Hörerinnen und Hörern sagen, fruchtbar durchsetzen. Bibelkundige unter seiner Hörerschaft konnten sich dabei an ein Wort aus dem zweiten Teil des Jesajabuches erinnern: „Denn wie der Regen und der Schnee vom Himmel fallen und nicht dorthin zurückkehren, sondern die Erde tränken und sie zum Keimen und Sprossen bringen, wie er dem Sämann Samen gibt und Brot zum Essen, so ist es auch mit dem Wort, das meinen Mund verläßt. Es kehrt nicht leer zu mir zurück, sondern bewirkt, was ich will, und erreicht all das, wozu ich es ausgesandt habe" (Jes 55, 9 – 11).

In einem anderen Gleichnis wird der Gedanke noch deutlicher: „Mit dem Reich Gottes ist es so, wie wenn ein Mann Samen auf einen Acker sät, dann schläft er und steht wieder auf, es wird Nacht und wird Tag, der Samen keimt und wächst, und der Mann weiß nicht, wie. Die Erde bringt von selbst ihre Frucht, zuerst den Halm, dann die Ähre, dann das volle Korn in der Ähre. Sobald aber die Frucht reif ist, legt er die Sichel an; denn die Zeit der Ernte ist da (Mk 4, 26 – 29).

Wenn er so vom Reich Gottes erzählt, wird ein großes Vertrauen hörbar: Das Reich Gottes „gleicht einem Senfkorn. Dieses ist das kleinste von allen Samenkörnern, die man in die Erde sät. Ist es aber gesät, dann geht es auf und wird größer als alle anderen Gewächse und treibt große Zweige, so daß in seinem Schatten die Vögel des Himmels nisten können" (Mk 4, 30 – 32).

Sich selbst und den Menschen spricht Jesus auf diese Weise Mut zu und versucht damit, die Bedenken all derer zu zerstreuen, die ihn zu einer machtvollen Demonstration treiben wollen oder mit Hinweis auf den unscheinbaren Anfang seine ganze Botschaft widerlegt sehen.

Aber sind es nur die Bedenken der anderen? Die Gleichnisse geben auch davon Zeugnis, wie der „Lehrer des Reiches Gottes" selbst lernt, den kleinen, unscheinbaren Anfang des Reiches Gottes zu verstehen. Dabei hat er offensicht-

102

lich bis zuletzt die Hoffnung nicht aufgegeben, noch zu seinen Lebzeiten Gottes Kommen für alle sichtbar zu erfahren: „Amen, ich sage euch: Diese Generation wird nicht vergehen, bis das alles eintrifft" (Mk 13,30; Mt 24,34; Lk 21,32). Ohne allerdings das für alle sichtbare Kommen des Reiches Gottes abzuwarten, lebt er schon in „heiliger Sorglosigkeit" nach dem Gesetz des Reiches Gottes. Dazu will er auch andere anstiften: „Macht euch also keine Sorgen und fragt nicht: Was sollen wir essen? Was sollen wir trinken? Was sollen wir anziehen? Denn um all das geht es den Heiden. Euer himmlischer Vater weiß, daß ihr das alles braucht. Euch aber muß es zuerst um sein Reich und seine Gerechtigkeit gehen; dann wird euch alles andere dazugegeben", so heißt es in der Sprache der Bergpredigt bei Matthäus (Mt 6,31 – 33).

Will er damit auch Gott anstiften, sich endlich als der zu zeigen, den er, Jesus, verkündet? Es liegt auch eine Herausforderung Gottes in seinen Worten und in seinem Handeln; diese Herausforderung wird sich bis zum Kreuz steigern. Später, in Jerusalem, hat Jesus nicht mehr zu dieser galiläischen Sorglosigkeit zurückgefunden. Ein dunkler Ernst liegt dann über allem. Und seine Gleichnisse sind aus anderem Stoff. Anders als in Jerusalem sieht Jesus in Galiläa auch das Problem des „Unkrauts". Seine Hörerinnen und Hörer in Galiläa kennen das aus eigener Anschauung. Samen fällt ja nicht nur unter die Dornen und auf den Weg und wird dadurch unwirksam. Samen wird auch bedroht durch Unkraut, das mit ihm aufwächst, zum Teil sogar giftig ist.

Das Reich Gottes, das nicht *nach* einem Feuergericht beginnt, wie die Apokalyptiker erhoffen (und befürchten), sondern inmitten dieser Weltzeit und wie „ein Senfkorn" wächst, ist gefährdet und bedroht. Wie soll man es schützen? (Später wird auch die Kirche immer wieder fragen, wie sie sich gegen „Unkraut" schützen soll.) Auch hier ist die Antwort Jesu vorerst gelassen: „Laßt beides wachsen

103

bis zur Ernte" (Mt 13,30). Weizen und Unkraut vorher zu trennen, das wissen die Leute in Galiläa, würde bedeuten, die gute Frucht in Gefahr zu bringen, weil der Weizen im Wachstum lange dem Lolch (Giftkraut) sehr ähnlich sieht und auch an den Wurzeln verbunden ist.

Gewiß ist in diesen Gleichnissen auch von der Ernte die Rede, vom Verbrennen des Unkrauts, vom Sammeln des Weizens..., aber es scheint, als sei diese Zeit für Jesus jetzt noch nicht gekommen. „Laßt beides wachsen...", das ist der Grundtenor der Galiläazeit. Freilich gibt es auch andere Töne in Galiläa. Sie lassen schon etwas ahnen von dem „Donner", der die Jerusalemer Reden auszeichnet. Die Bibelwissenschaft hält die Gerichtsworte über die galiläischen Städte für sehr altes Spruchgut. Sie hört also den „historischen Jesus" heraus: „Dann begann er den Städten, in denen er die meisten Wunder getan hatte, Vorwürfe zu machen, weil sie sich nicht bekehrt hatten" (Mt 11,20). Diese Gerichtsrede zeigt, daß die Galiläazeit nicht ungebrochen „erfolgreich" gewesen ist. Die drei Städte, die geographisch in einem Dreieck liegen – Chorazin, Betsaida und Kafarnaum – bekommen zu hören, daß es den Heidenstädten Tyrus und Sidon und dem längst versunkenen Gebiet von Sodom „am Tag des Gerichts nicht so schlimm ergehen wird" (Mt 11,22.24) wie ihnen.

Das sind harte Worte, aber sie zeigen, daß es auch in Galiläa mit dem Reich Gottes nicht so recht „weitergehen" will. Offenbarend sind auch Worte, die Jesus „zu der Menge" spricht und die eine deutliche Resignation spüren lassen: „Mit wem soll ich also die Menschen dieser Generation vergleichen? Wem sind sie ähnlich? Sie sind wie Kinder, die auf dem Marktplatz sitzen und einander zurufen: Wir haben für euch auf der Flöte (Hochzeitslieder) gespielt, und ihr habt nicht getanzt; wir haben Klagelieder gesungen, und ihr habt nicht geweint. Johannes der Täufer ist gekommen, er ißt kein Brot und trinkt keinen Wein, und ihr sagt: Er ist von einem Dämon besessen. Der

Menschensohn ist gekommen, er ißt und trinkt, darauf sagt ihr: Dieser Fresser und Säufer, dieser Freund der Zöllner und Sünder! Und doch hat die Weisheit durch alle ihre Kinder recht bekommen" (Lk 7, 31 – 35).

Der offensichtliche Mißerfolg Jesu beginnt also schon in Galiläa. Und was Jesus zunächst noch hoffnungsvoll in den Saatgleichnissen deutet im Blick auf die zumeist kleinen Leute, die ihm folgen, das wird mehr und mehr bedrohliche Wirklichkeit. Markus, Matthäus und Lukas, die Synoptiker, zeigen deutlich, daß es eine „Bruchstelle" gibt, an der eine Neuorientierung Jesu deutlich wird. Sie ist in den Evangelien markiert mit der ersten Ankündigung von Tod und Auferstehung.

Die drei Ankündigungen, wie sie jetzt in der Bibel zu finden sind (vgl. Mk 8, 31 – 33; 9, 30 – 32; 10, 32, 34 und Parallelen), wurden gewiß erst nach Ostern ausgestaltet. Dennoch dürfte dahinter das Wissen stehen, daß Jesus sich und seine Jünger auf ein mögliches Scheitern vorbereitet hat. Der mangelnde Erfolg und die beginnende Feindschaft in Galiläa konnten ihn schon ahnen lassen, was ihn in Jerusalem erwarten wird, wenn Gott nicht vorher selbst durch machtvolles Handeln eingreift.

Die Frage einer Konfrontation in Jerusalem mit möglichen furchtbaren Folgen wurde von den Jüngern nicht stillschweigend hingenommen. Das zeigt deutlich die Reaktion des Petrus auf das erste offene Gespräch darüber: „Da nahm ihn Petrus beiseite und machte ihm Vorwürfe. Jesus wandte sich um, sah seine Jünger an und wies Petrus mit den Worten zurecht: Weg mit dir, Satan, geh mir aus den Augen! Denn du hast nicht das im Sinn, was Gott will, sondern was die Menschen wollen" (Mk 8, 32 f).

Einspruch des Petrus und Reaktion Jesu zeigen, wie „gereizt" die Stimmung geworden ist. Markus und Matthäus legen diese Szene in den äußersten Norden, in das Gebiet von Caesarea Philippi, weit weg also vom Herrschaftsge-

biet des Herodes, außerhalb der „Gefahrenzone". Immer
wieder hat sich Jesus in das Gebiet des „mildesten" der
Herodianer, Philippus, zurückgezogen, wenn ihm der
Boden am Westufer des Sees zu heiß wurde. Diese Fluchten ans andere Ufer (vgl. etwa Mk 4, 35; 5, 1) sind kennzeichnend für ihn und zeigen, daß er nicht leiden wollte,
wie auch noch die Ölbergszene deutlich macht.

Jetzt, in der Nähe des großen Pan-Heiligtums von Caesarea
Philippi, im Angesicht des griechischen Hirtengottes,
scheint Jesus bereit zu sein, in einem endzeitlichen Zug
das Zwölfstämme-Gebiet zu durchwandern und zu einer
letzten Sammlung aufzurufen. Jerusalem wird der heils-
geschichtliche Ort, den er anzielt. Dort muß die Entscheidung fallen. Die Reden Jesu werden jetzt schärfer und
nehmen an Gerichtssprache bis Jerusalem zu. Die letzte
Heilung (in der Tradition der Synoptiker) findet in Jericho
statt. Für Jerusalem hat er Tränen, denn die Perspektive
von Gericht und Zorn wird jetzt für ihn real.

In den Blick rückt für ihn, stärker als vorher, die mögliche
Ablehnung des angebotenen Heils. Und dieses Unverständnis erfährt er bis in den Jüngerkreis, wie das Beispiel
des Petrus zeigt. Aber es ist nicht nur das Problem des
Petrus. Alle werden von Angst befallen, wie Markus deutlich sagt (Mk 10, 32). Er muß ihnen Mal um Mal erklären,
was bevorsteht; sie aber sprechen hinter seinem Rücken
über die ersten Plätze (Mk 9, 33 f).

Nachdem er den Jüngern zum ersten Mal vom kommenden Passionsgeschehen gesprochen hat (er wird es in der
Komposition der Synoptiker noch zweimal tun), wird er
vor den Augen des Petrus, Jakobus und Johannes auf einem
hohen Berg verklärt und von Gott her bestätigt: „Das ist
mein geliebter Sohn, auf ihn sollt ihr hören" (Mk 9, 7).
Aber, so wird es jedenfalls in der lukanischen Theologie
deutlich, nicht nur für die drei ist dieser Augenblick eine
Offenbarung. Mose und Elija, die mit ihm reden, „erschie-
nen in strahlendem Licht und sprachen von seinem Ende,

das sich in Jerusalem erfüllen sollte" (Lk 9, 30f). Jetzt, da es auf die Entscheidung zugeht, lernt er sein Geschick noch einmal aus seiner Glaubenstradition, aus der Tora (Mose) und den Propheten (Elija), neu verstehen. Sie erscheint ihm dabei in „strahlendem Licht". Nach Ostern wird seine Gemeinde immer wieder diese Tradition befragen und sie „ausgehend von Mose und allen Propheten" (Lk 24, 27) zu verstehen suchen.

Die großen Gerichtsreden und Gerichtsgleichnisse sind alle in Jerusalem gesprochen. Darin macht auch das Johannesevangelium bei näherem Zusehen keine Ausnahme. Ein deutlicher Spannungsbogen in der Auseinandersetzung mit seinen Gegnern ist in Jerusalem zu spüren. Johannes der Täufer würde jetzt nicht mehr fragen müssen: „Bist du der, der kommen soll, oder müssen wir auf einen anderen warten?" (Lk 7, 19). Hat Johannes „vielen Pharisäern und Sadduzäern" entgegengehalten: „Ihr Schlangenbrut, wer hat euch denn gelehrt, daß ihr dem kommenden Gericht entrinnen könnt?" (Mt 3, 7), so tönt Schriftgelehrten und Pharisäern jetzt das „Weh euch... ihr Heuchler!" Jesu entgegen (Mt 23, 13 und öfter).
Wie ein vorweggenommenes, drohendes Gericht steht die Verfluchung eines Feigenbaumes durch Jesus am Anfang der letzten Jerusalemer Tage (Mk 11, 12 – 14; Mt 21, 18 – 19). In der lukanischen Theologie ist es die Ankündigung der Zerstörung Jerusalems (Lk 19, 41 – 44), bei Johannes das Wort vom Sterben des Weizenkorns (Joh 12, 24). In jedem Fall stehen Gerichts- und Entscheidungsworte in einer Eindringlichkeit, wie sie in Jesu Galiläazeit kaum vorkommen, im Vordergrund. Das wird trotz aller theologischen Eigengestaltungen der Evangelisten deutlich.
Bei Matthäus erreicht die Gerichtsrede ihren Höhepunkt in der großen Vision vom Kommen des Menschensohnes in seiner Herrlichkeit und der Scheidung der „Schafe" und

107

„Böcke". Am Ende wird es „Gesegnete" und „Verfluchte" geben (Mt 25, 31 – 46). Vom Kommen des Menschensohnes „mit großer Macht und Herrlichkeit" sprechen auch Markus (Mk 13, 24 – 27) und Lukas (Lk 21, 25 – 28). Jesu letztes Wort in der Öffentlichkeit ist ein Wort der Wachsamkeit: „Seht euch also vor, und bleibt wach! Denn ihr wißt nicht, wann die Zeit da ist" (Mk 13, 33. 37). Bei Lukas lautet der Ruf: „Wacht und betet allezeit, damit ihr allem, was geschehen wird, entrinnen und vor den Menschensohn hintreten könnt" (Lk 21, 36). Das drohende, kommende Gericht steht im Vordergrund. Die entsprechende Haltung ist einzig Wachsamkeit (und Gebet).

Das hätte Johannes der Täufer nicht eindringlicher sagen können; das paßte gut in die warnenden Töne der Mönche von Qumran. Und die Tempelaktion Jesu konnte in essenischen Kreisen durchaus Beifall finden, auch wenn sie von Jesus anders gemeint war. Sie war in jedem Fall ein Zeichen, das endzeitlich aufmerksame Menschen wach machen mußte, zu denen eben auch Qumran und seine Anhänger gehörten. Denn gerade für diese Kreise war der Tempel (mit einem Wort des Propheten Jeremia, Jer 7, 11) zur „Räuberhöhle" (Mk 11, 17) geworden. Das Priestertum war geschändet, die Opfer befleckt, so klagt ein Frommer Israels aus priesterlichen Kreisen im „Buch der Jubiläen" (XVI, 1; eine Schrift aus dem 2. Jh. v. Chr.). Die Wiederherstellung des reinen Kultes gehörte in die Endzeit.

Vielleicht kommt Markus mit seiner Deutung der Tempelaktion dem, was Jesus damit wollte, am nächsten, wenn er sich auf den dritten Teil des Jesajabuches bezieht (Jes 56, 1 – 8; bes. 56, 7). Dort wird endzeitlich der Tempel Haus des Gebetes für *alle* sein, auch für die Fremden, die sich dem Herrn angeschlossen haben, die seine Sabbate halten, die tun, was ihm gefällt, und an seinem Bund festhalten (Jes 56, 3 – 5). Die Öffnung des Tempels läge dann ganz auf der Linie der zweiten Speisung mit den sieben Restkörben, Zeichen der Einladung der (Heiden-)Völker zum endzeitlichen Mahl, Ausbruch aus religiösem Partikularismus.

Gewiß begegnet uns in Jerusalem kein ganz neuer Jesus. Aber unverkennbar sind die Reden Jesu drängender und zorniger als vorher. Er scheint die Entscheidung provozieren zu wollen und muß durch die „Tempelreinigung" auch die geistlichen und politischen Führer auf den Plan rufen. Die Tempelaktion ist eine „Kriegserklärung" an alle, die daran interessiert sind, in Jerusalem religiöse und politische Ruhe zu halten.

Die Hauptadressaten Jesu sind nicht mehr, wie in Galiläa, die Menschen, die ihm folgen. Da ging es um die Frage, wie das Leben im beginnenden Reich Gottes zu leben sei. Matthäus und Lukas überliefern aus dieser Zeit die „Bergpredigt" bzw. die „Feldrede". Auf Jerusalem zu, schon dringlicher, steht die Frage des Reichtums, des Besitzes und Geldes an. Jesus entdeckt, was der Annahme seiner Botschaft im Wege steht. Das Ringen mit den inneren und äußeren Hindernissen, das Reich Gottes anzunehmen, beginnt.

Die Auseinandersetzung mit den Mächtigen (Sadduzäern, Herodianern, Schriftgelehrten, Pharisäern) ist das große Thema von Jerusalem. Nicht zufällig stellt das Matthäusevangelium die Machtversuchung an die letzte Stelle (vgl. Mt 4, 8 – 10; anders Lukas) und greift dieses Thema dann in der Abschiedsrede des Auferstandenen wieder auf: „Mir ist alle Macht gegeben im Himmel und auf der Erde" (Mt 28, 18) – aber sie ist ihm von Gott gegeben und von keinem anderen.

Nicht ohne Ironie vermerkt Markus, daß ihm die Leute „mit Freude" zuhören, formuliert Jesus doch auch den permanenten Ärger der Kleinen auf die, „die in der Synagoge die vordersten Sitze und bei jedem Festmahl die Ehrenplätze haben" (Mk 12, 39).

Unverkennbar ist Jesus gegenüber den Adressaten entschieden deutlicher geworden. Enttäuschung und Trauer über das Unverständnis sind spürbar. Die Führer des Volkes konnte er für seine Botschaft nicht gewinnen. Schließlich sieht er realistisch, wie die Verhältnisse unaufhörlich einem Untergang zutreiben, der dann vierzig Jahre später tatsächlich kommt.

Jesus glaubt am Ende, nur Wachsamkeit könne die Gerichtskatastrophe verhindern. So hat es auch der Täufer gesehen. Daß das Gericht als Kreuz zunächst über ihn selbst kommen werde, ist die letzte Stufe seines Lernens, gegen die er sich bis zum Ölberg wehrt.

110

*Wahrhaftig, dieser Mensch
war Sohn Gottes.*
Markus 15,39

7 Worauf Jesus am Ende vertraut und was Gott durch Jesus lernt

Jesus hat bis zum Ende nicht sterben wollen. Er hat mit Gott zuletzt um sein Leben gekämpft. Vieles, auch in der Abendmahlstradition, deutet darauf hin, daß er an das Kommen Gottes und seines Königtums noch vor seinem Tod geglaubt hat. Bis zu seinem letzten Atemzug hat er Gott darum gebeten. Als er alles abgegeben hat, seine Familie, seine Jüngerinnen und Jünger, seine Macht, seinen Willen, als er ganz allein ist, da hängt er nur noch am Leben. Es geht nicht mehr um einzelne Lebensfragen, nur noch um das Leben selbst. Am Ende steht Jesus Gott selbst gegenüber und kämpft um das Kommen Gottes hier und jetzt.

Der Weg dorthin hatte viele Stufen. Er fängt in Jesu Elternhaus an und endet am Kreuz. Den letzten „Religionsunterricht" bekommt Jesus am Kreuz und lernt dort ein Kapitel, von dem er hoffte, es nicht lernen zu müssen: Er lernt das Sterben – immer noch in der Hoffnung, daß Gott komme, um ihn vor aller Welt und vor dem Tod zu retten. Aber statt dessen verrät ihn einer (der vielleicht mit ihm am intensivsten auf Gottes Kommen gehofft hat: Judas). Dann kommen die Henker, laufen die Freunde weg, verleugnet ihn der „Fels"... Jesus lernt den Abschied, den grausamen

111

Abschied aus einer Welt, um die er gekämpft hat. Er liebte sie, so wie sie war, in all ihrer Schuld und Verkommenheit. Bis zuletzt ist er ihr nicht als Ankläger begegnet.

Die entscheidenden Stunden dieses letzten Kapitels beginnen am Ölberg. Die Bibelwissenschaft sagt recht einhellig, die älteste Passionsüberlieferung im engeren Sinn habe dort ihren Anfang gehabt. Die Abendmahlstradition und andere Überlieferungen seien später hinzugefügt und hätten dann zu einer erweiterten Passionserzählung geführt.

Der Ölberg wird zum Entscheidungsberg; aber er war es schon vorher in der Glaubenstradition Israels und mancher Apokalyptiker. Der Ort ist also nicht zufällig. Aber vor aller theologischen Bedeutung, die er hat, führt über den Ölberg der Weg in die Wüste – in die Sicherheit. Im Psalm 55 singt ein bedrängter Mensch: „Hätte ich doch Flügel wie eine Taube, dann flöge ich davon und käme zur Ruhe" (Ps 55, 7). Und wohin will er fliehen? „Weit fort möchte ich fliehen, die Nacht verbringen in der Wüste. An einen sicheren Ort möchte ich eilen vor dem Wetter, vor dem tobenden Sturm" (Ps 55, 8f).

Flucht über den Ölberg in die Wüste! Dort war Jesus in Sicherheit. Schon die Nächte vorher hat er außerhalb Jerusalems verbracht: „Als es Abend wurde, verließ Jesus mit seinen Jüngern die Stadt" (Mk 11, 19). In den Höhlen der judäischen Wüste war er vor dem Zugriff der Mächte geschützt. Dorthin wagten sie sich nicht. Schon einmal war einer vor langer Zeit in die Wüste auf diesem Weg geflohen, als „ein Freund, ein Vertrauter" (Ps 55, 14f), als der eigene Sohn ihm nachstellte. Die Parallele ist auffällig. Abschalom, der Sohn Davids, macht einen Aufstand gegen den Vater. Dabei gelingt es ihm vorübergehend, die Israeliten auf seine Seite zu bekommen: David muß fliehen. Nach einem tränenreichen Abschied verläßt er mit wenigen Getreuen die Stadt: „Dann überschritt der König den Bach Kidron, und alle zogen weiter auf dem Weg zur Steppe" (2 Sam 15, 23). Es ist der gleiche Weg – und im Hintergrund steht der Verrat durch einen geliebten Menschen. Der Weg über den Ölberg war also der „klassische" Fluchtweg. Der Johannesevangelist versteht sehr deutlich die Davidparallele, wenn er nach den „Abschiedsreden" Jesu schreibt: „Nach diesen Worten ging Jesus mit seinen Jüngern hinaus, auf die andere Seite des Baches Kidron" (Joh 18, 1). Der König verläßt fluchtartig die Stadt! Jesus wollte sich offensichtlich nach dem Abendmahl in Sicherheit bringen. Er hatte die Mächtigen so provoziert, daß sie etwas gegen ihn unternehmen mußten. Sollte er sich ihnen stellen? Oder sollte er wieder nach Norden ziehen? Warten, bis Gott selbst eingreifen würde? Konnte er sich auf Gott verlassen? Es scheint so, als hätte zunächst der Fluchtgedanke im Vordergrund gestanden. Immerhin war die Jesusgruppe bewaffnet und hätte sich durchschlagen können.

In einem alten Überlieferungsstück, das Lukas in seine Abendmahlstradition einbaut, scheint Jesus sogar alle bisherigen Prinzipien „über Bord" zu werfen: „Dann sagte Jesus zu ihnen: Als ich euch ohne Geldbeutel aussandte, ohne Vorratstasche und ohne Schuhe, habt ihr da etwa Not gelitten? Sie antworteten: Nein. Da sagte er: Jetzt aber soll der, der einen Geldbeutel hat, ihn mitnehmen und ebenso die Tasche. Wer aber kein Geld hat, soll seinen Mantel verkaufen und sich dafür ein Schwert kaufen... Da sagten sie: Herr, hier sind zwei Schwerter. Er erwiderte: Genug davon!" (Lk 22, 35 – 38).

Ein bewaffneter Jesus? Und „einer von ihnen" wird ein Schwert bei der Gefangennahme benutzen, und die anderen werden fragen: „Herr, sollen wir mit dem Schwert dreinschlagen?" (Lk 22, 49 f). Sie alle wollen sich und ihn in Sicherheit bringen. Ohne Jesu Wissen sind sie gewiß nicht bewaffnet.

Von hierher wird noch einmal ein bezeichnendes Licht auf diese letzte Lernstufe geworfen. Alle und alles gerät in die

113

Krise. In der Angst steht tatsächlich auch bei Jesus alles auf dem Spiel. Die Bibel zeichnet ihn nicht als „idealistischen Pazifisten" von Anfang an. Wenn er am Ende auf das Schwert dennoch verzichtet, dann geschieht das aufgrund einer Auseinandersetzung. So gewinnt sein gewaltfreies Handeln eine letzte Verbindlichkeit – auch für uns.

Zunächst aber geht er, von Bewaffneten umgeben, zum Ölberg, „wie er es gewohnt war" (Lk 22,39). Markus spricht von „einem Grundstück, das Getsemani heißt" (Mk 14,32), Johannes von einem Garten (Joh 18,1). In diesem Garten, vom Namen Getsemani her eine Ölpresse, bleibt Jesus stehen. Jetzt beginnt die eigentliche Auseinandersetzung. Jetzt beginnt das, was Jakob im nächtlichen Kampf am Jabbok erlebt hat: der Gotteskampf (Gen 32,23 – 33). Aber während Jakob siegt, scheint Jesus gegen Gott und Menschen zu verlieren. Die Geschichte Jesu ist, gemessen an den Kriterien der Geschichtsbücher der Welt, eine Verlierergeschichte.

Warum bleibt Jesus hier im Garten der Ölpresse stehen? Warum flieht er nicht weiter? Die Evangelisten geben uns darauf unmittelbar keine Antwort. Aber im endzeitlichen Verständnis war der Ölberg nicht irgendein Ort. Beim Propheten Sacharja (14), besonders aber beim Propheten Joel finden wir alle wichtigen Elemente, die in dieser entscheidenden Nacht Jesu eine Rolle spielen: Das Tal Joschafat, das am Fuß des Ölbergs liegt und durch das der Kidronbach fließt, ist Ort des Gerichtes: „Die Völker sollen aufbrechen und hinaufziehen zum Tal Joschafat. Denn dort will ich zu Gericht sitzen über alle Völker ringsum" (Joel 4,12). Es ist Endzeit: „Schwingt die Sichel; denn die Ernte ist reif. Tretet die Kelter; denn sie ist voll, die Tröge fließen über. ...denn der Tag des Herrn ist nahe im Tal der Entscheidung" (Joel 4,13f). In Getsemani steht Jesus am Ort der Kelter! Beginnt jetzt der „Heilige Krieg" (Joel 4,9)? – Die Schwerter sind da! Wer wird in der Kelter getreten? Gegen wen beginnt der Krieg?

114

Ein Bogen spannt sich vom Abendmahlssaal zum Ölberg: Vom endzeitlichen Mahl ist Jesus an den Ort des endzeitlichen Gerichtes gegangen. Was wird geschehen?

Zunächst geschieht das, was in einer unklaren Situation, die unter vielfältiger Bedrohung steht, jedem Menschen geschieht: „Da ergriff ihn Furcht und Angst, und er sagte zu ihnen: Meine Seele ist zu Tode betrübt!" (Mk 14,33f). Die biblischen Texte sind an dieser Stelle von einer großen Sensibilität und Wachheit. Sie erzählen das im Grunde unsagbare Geschehen in ehrfürchtiger Zurückhaltung und lassen es gerade deshalb so lebendig werden. Künstler, Schriftsteller und ungezählte Menschen hat es immer wieder in seinen Bann geschlagen. Erzählt wird die Einsamkeit eines Gott-verrückten Menschen, der alles gegeben hat, seinen Glauben, seine Hoffnung, seine Liebe – und der jetzt, ganz arm, nicht weiß, wie es weitergehen wird. Oder glaubt er am Ende doch noch, daß Gott demonstrativ kommt, um ihn zu bestätigen? Die eigenen Worte holen ihn jetzt ein: „Wacht und betet allezeit, damit ihr allem, was geschehen wird, entrinnen... könnt!" (Lk 21,36). So geht er ein Stück weiter, wirft sich auf die Erde nieder und betet. Er will nicht leiden, er will dem kommenden Gericht entgehen. Er betet, „daß die Stunde, wenn möglich, an ihm vorübergehe. Er sprach: Abba, Vater, alles ist dir möglich. Nimm diesen Kelch von mir. Aber nicht, was ich will, sondern was du willst" (Mk 14,35f). Da ist es noch einmal, das zärtliche „Abba"! Wird der mütterlich-väterliche Abba ihn jetzt retten?

In dieser Stunde beginnt der letzte Kampf Jesu auf Leben und Tod. Was ist der Wille Gottes? Die letzte, entscheidende Unterrichtsstunde hat begonnen. Lehrer und Schüler werden als andere aus diesem Ringen hervorgehen. Danach ist nichts mehr so wie vorher.

Die Antwort, die der an-gebetete Vater gibt, ist hart. Er könnte ihm ja durch die Jünger ein gutes Wort sagen, könnte in ihrem Mitbeten und Mitwachen Solidarität zei-

gen. Aber als Jesus zu den Jüngern zurückkommt, findet er
sie schlafend. Das ist auch eine Antwort. In diesem Augenblick ist es für Jesus die Antwort Gottes. „Wach auf! Warum schläfst du, Herr? Erwache, verstoß nicht für immer",
schreit der Beter, die Beterin. „Unsere Seele ist in den
Staub hinabgebeugt, unser Leib liegt am Boden. Steh auf
und hilf uns! In deiner Huld erlöse uns!" (Ps 44,24 – 27).
Die schlafenden Freunde – der schlafende Gott! Jetzt ist
der Mensch Jesus in die letzte Einsamkeit gestoßen. Und
er betet weiter. Er hat die Hoffnung noch nicht aufgegeben, daß er den schlafenden Gott wecken kann. Dreimal,
sagt Markus, geht er ins Gebet und kommt zurück. Dreimal die gleiche Antwort: Sie schlafen! Jetzt weiß er: Ihm
wird keine andere Antwort gegeben werden. Gott will in
dieser Stunde nicht handeln. Jesus hört daraus für sich die
Botschaft, weder zu fliehen noch zu kämpfen. So sagt er:
„Es ist genug! Die Stunde ist gekommen; jetzt wird der
Menschensohn den Sündern ausgeliefert" (Mk 14,41).
Lukas mildert die Szene nur scheinbar ab. Nach Jesu Gebet
„erschien ihm ein Engel vom Himmel und gab ihm (neue)
Kraft". Aber die Angst wird ihm dadurch nicht genom-
men. Er betet in seiner Angst noch inständiger, „und sein
Schweiß war wie Blut, das auf die Erde tropfte" (Lk
22,43 f). Ohne diese Stärkung „vom Himmel" würde er
zusammenbrechen. Was ist geblieben von dem, der das
Jobeljahr, das Gnadenjahr des Herrn in der Synagoge von
Nazaret ausgerufen hatte (vgl. Lk 4,19)? Der, der sich ganz
Gott ausgeliefert hat, weiß jetzt, nach diesem einsamen,
nächtlichen Ringen, daß Gott ihn den Menschen ausgeliefert hat. Und der erste Mensch, dem er in die Arme läuft,
ist „ein Mensch aus meiner Umgebung, mein Freund,
mein Vertrauter, mit dem ich, in Freundschaft verbunden,
zum Haus Gottes gepilgert bin inmitten der Menge" (Ps
55,14 f).
Jakob konnte nach dem nächtlichen Kampf mit Esau, dem
Bruder, Frieden schließen. Ijob bekam seine Gesundheit

und seine Familie zurück. Jesus begegnet dem Jünger – und wird verraten. Der Ölberg ist zum Gerichtsort geworden, aber nicht für die Völker, auch nicht für Israel, sondern für ihn, den „geliebten Sohn". Der „Heilige Krieg" ist ausgerufen, nicht gegen die anderen, sondern gegen ihn. Wer mit Gott kämpft, kommt nicht ungeschoren davon. Er ist nachher ein anderer. Dazwischen liegt die Krise, der Kampf, die Entscheidung. Nachher fragt Jesus nicht mehr nach den Schwertern. Im Gegenteil: „Hört auf damit!" Und er heilt den Mann, der vom Schwert getroffen wird (vgl. Lk 22, 51). So findet er zurück zum Anfang, zum „Jahr des Heiles", das er für alle ausgerufen hat.

Wird er in dem ihm drohenden Unheil, im kommenden Gericht, das sie über ihn veranstalten, immer noch für den Menschen eintreten? Oder wird er am Ende zu denen gehören, die sagen: Der Mensch ist den Lehm nicht wert, aus dem er gemacht ist? Er hätte allen Grund dazu; denn wer der Mensch in seiner Abgründigkeit ist, wird er jetzt erfahren, wenn sie ihn abführen, verurteilen und kreuzigen.

Als Jesus stirbt, ist er allein. Alle haben ihn verlassen. Er ist Ijob ähnlich. Am Ende steht er nur noch Gott gegenüber. Und er schreit, er schweigt nicht. Er schreit Psalmworte (Ps 22, 2): „Mein Gott, mein Gott, warum hast du mich verlassen?" (Mk 15, 34). Er hat allen Grund zu schreien. Er, der Verkünder der Menschenfreundlichkeit Gottes, er, der fest davon überzeugt ist, mit ihm habe das Königtum Gottes in dieser Welt endlich begonnen, er hängt zwischen Himmel und Erde – und Gott schweigt!

Jetzt beginnt der letzte Teil seines Lernprozesses, jetzt hat er nur noch Gott als Lehrer. Denn die menschlichen Lehrer haben ihn verurteilt und aufs Kreuz gelegt. Er schreit, und Gott schweigt!

Ist Jesus mit Ijob zu vergleichen? Oder mit Isaak, den sein Vater opfern soll? Jeder Mensch ist einzigartig, und kein Schicksal gleicht dem anderen. Dennoch: Es gibt Paralle-

117

len. Aber Isaak brauchte nicht zu sterben. Ijob kam mit dem Leben davon; er wurde gesund und hatte am Ende mehr, als er je besessen hatte. Aber Jesus kommt nicht mit dem Leben davon. Er muß sterben. Er wird nicht, wie Isaak, im letzten Augenblick gerettet. Deshalb hat er keinen Grund, zu schweigen wie Isaak und – am Ende – auch Ijob.

Wir wissen nicht, warum Isaak und endlich Ijob geschwiegen haben. Jüdische Theologen haben sich über Isaak und Ijob ein Bild gemacht und in vielen Geschichten versucht, eine Erklärung zu finden. Die Bibel selbst gibt keine Erklärung. Sie läßt die Stelle, die Wunde offen. Alle Erklärungen sind der gutgemeinte Versuch, die Wunde zu schließen. Sie läßt sich nicht schließen. Das Verhalten Gottes bleibt unverständlich!

Bei Jesus ist es gerade umgekehrt wie bei Isaak und Ijob. Isaak (und übrigens auch Abraham) gehorchte, ohne zu fragen. Ijob protestierte, fluchte, schrie, bis sich Gott herabließ und redete. Da erst legte Ijob seine Hand auf den Mund und verbot sich jedes weitere Wort. Und nachdem Gott ein zweites Mal geredet hatte, widerrief Ijob. Manche halten das für Kapitulation. Wie auch immer – Jesus legt seine Hand bis zuletzt nicht auf den Mund. Er kann sie nicht einmal mehr auf den Mund legen. Die Hände sind ihm gebunden. Er tut das einzige, was er noch kann, bis sie ihm mit einem Schwamm den Mund stopfen, um ihn zu betäuben.

In Getsemani hat er geweint, gebettelt, Gott seine Angst zugeflüstert. Jetzt, am Kreuz, schreit er. Bei ihm geschieht das Unglaubliche: Das Wort, das Abraham und Ijob diesseits der Todesgrenze zuteil wird, hört er nicht. Bei ihm zieht sich Gott ins Schweigen zurück. Ist Gott sprachlos? Weil Jesus Widerstand leistet und leben will? Vielleicht ist Jesus in diesem Augenblick Jakob in seinem nächtlichen Ringen am nächsten. Er läßt sich nicht abschütteln, „bis du mich gesegnet hast" (vgl. Gen 32, 27).

118

Was soll Jesus in dieser Stunde zwischen Himmel und Erde lernen? Soll er lernen, daß Gott in der Lage ist, einen Menschen, der an ihm hängt und der ihn in jedem Augenblick seines Lebens verteidigt hat, so hängen zu lassen? Jetzt, wo Gott zeigen könnte, daß alle im Unrecht sind, die ihn in schrecklichen Farben malen, die von seinem Todesurteil über die Menschen reden, jetzt, wo er ihn vor aller Augen bestätigen könnte, jetzt schweigt er.

Soll Jesus lernen, daß Gott ihn fallen läßt und verflucht? Am Ende steht für Jesus auch diese furchtbare Möglichkeit als Versuchung auf. Hatte er überhaupt das Recht, von Gott so zu reden, wie er es getan hatte? Denn auch das hatte er in der Toraschule gerlernt: „Doch ein Prophet, der sich anmaßt, in meinem Namen ein Wort zu verkünden, dessen Verkündigung ich ihm nicht aufgetragen habe, oder der im Namen anderer Götter spricht, ein solcher Prophet soll sterben." Ließ Gott ihn sterben, weil er ihn nicht gerufen hatte? Hatte Jesus sich seine Verkündigung angemaßt? (Wir verstehen von hierher, warum die Evangelisten so viel Wert auf die Bestätigung Jesu „von oben" legen.) War sein Leben eine Täuschung? Denn der Text der Tora ging weiter: „Wenn ein Prophet im Namen des Herrn spricht und sein Wort sich nicht erfüllt und nicht eintrifft, dann ist es ein Wort, das nicht der Herr gesprochen hat. Der Prophet hat sich nur angemaßt, es zu sprechen..." (Dtn 18, 20 – 22).

Wenn Gott schwieg, gab er dann nicht denen Recht, die sich erinnerten: „...denn ein Gehenkter ist ein von Gott Verfluchter" (Dtn 21, 23). Jetzt, da Jesus am Kreuz hing und Gott schwieg, stand plötzlich so vieles gegen ihn.

Aber es gab auch den Propheten, den Trostpropheten, der ihm soviel im Leben bedeutet hatte. Im zweiten Jesajabuch stand das Lied vom leidenden Gerechten, dem „Mann voller Schmerzen" (Jes 53). Ob ihm jetzt Worte aus diesem Lied einfielen? Ob ihm einfiel, daß dieser Gerechte die Sünden von vielen trug „und trat für die Schuldigen ein" (Jes 53,12)? Von ihm, dem unbekannten Leidenden, hieß es: „Wir meinten, er sei von Gott geschlagen, von ihm getroffen und gebeugt. Doch er wurde durchbohrt wegen unserer Verbrechen, wegen unserer Sünden zermalmt" (Jes 53,4f).

Jesus schrie und wartete auf Gottes Antwort. Gott aber schwieg. Oder redete Gott durch einen Fremden, durch einen Hauptmann, der Jesus gegenüberstand und ihn auf diese Weise sterben sah: „Wahrhaftig, dieser Mensch war Sohn Gottes" (Mk 15,39)? War das die Antwort Gottes? Aber sie konnte nurmehr ein Nach-Ruf sein. Zu diesem Zeitpunkt war Jesus bereits tot.

Jesus schreit. Er will die Antwort wissen: „Mein Gott, mein Gott, warum hast du mich verlassen?"

Was sagt das Schweigen Gottes? Ist Gott so erschüttert, daß ihm nun auch nichts mehr einfällt? Weiß Gott auch keine Antwort mehr, als er den hängen sieht, der gerechter war als alle Gerechten, der prophetischer war als alle Prophetinnen und Propheten, der barmherziger war als alle Barmherzigen, der zorniger werden konnte als alle Zornigen, der zärtlicher sein konnte als alle Zärtlichen – der ein eifrigerer Schüler war als alle Schülerinnen und Schüler? Und was soll Jesus jetzt noch lernen?

Soll Jesus lernen, welcher Abgrund Gott ist? Nach Matthäus schreit die ganze Schöpfung auf, als der „Lehrer der Barmherzigkeit" stirbt: „Die Erde bebte, und die Felsen spalteten sich" (Mt 27,51). Und Gott schweigt – schweigt bis zum dritten Tag.

Die beiden Evangelisten Lukas und Johannes legen Jesus andere „letzte Worte" in den Mund. „Vater, in deine Hände lege ich meinen Geist", ruft Jesus in der Lukaspassion (Lk 23,46). Seinen Eltern im Tempel hatte er gesagt – und es sind die ersten Worte, die er im Lukasevangelium spricht: „Warum habt ihr mich gesucht? Wußtet ihr nicht, daß ich in dem sein muß, was meinem Vater gehört?" (Lk 2,49). Die Hände des Vaters: In sie will er jetzt fallen. Im

Johannesevangelium vollendet sich der Lernprozeß Jesu in den Worten: „Es ist vollbracht" (Joh 19,30). Dann geht er in die große Sabbatruhe Gottes ein.

In den letzten Worten Jesu am Kreuz, so unterschiedlich sie sind, liegt eine tiefe Wahrheit: Er ist unser aller Tod gestorben, ob wir schreiend oder still, wider Willen oder Gott ergeben sterben. Jeder stirbt seinen Tod. Aber jeder stirbt in Gottes Schweigen hinein. Die letzte Antwort wird keinem hier gegeben. So stirbt Jesus jeden Tod mit. Das ist die letzte „Lektion", die der Lieblingsschüler Gottes lernt: „Wenn das Weizenkorn nicht in die Erde fällt und stirbt, bleibt es allein; wenn es aber stirbt, bringt es reiche Frucht" (Joh 12,24).

Die letzte Versuchung Jesu in der Theologie des Lukasevangeliums war die Einladung des Teufels, sich vom Tempel zu stürzen (Lk 4,9). Jetzt wird „der König der Juden" vom Kreuz genommen und in die Erde gelegt. Das christliche Glaubensbekenntnis sagt, das Kreuz sei nicht der äußerste Punkt: „Abgestiegen in das Reich des Todes", heißt es heute; „abgestiegen zu der Hölle", hieß es früher. Wirklich bis zum Äußersten ist Gott mit ihm gegangen, bis zum äußersten Punkt des Exils. Weiter konnte Gott mit ihm nicht gehen. Danach kam nichts mehr.

Hat Gott also an ihm ausprobiert, wie weit er mit dem Menschen gehen kann? Jetzt weiß Gott es: Bis in die Hölle, bis in das Reich des Todes, bis dahin kann er mit dem Menschen gehen, mit diesem Menschen, der so oft vom Reich des Lebens gesprochen hatte. Am Ende verschlägt es Gott die Sprache. Gott trauert. Der Karsamstag ist nicht nur der Trauertag der Menschen. Er ist zuerst der Tag der Trauer Gottes.

Wenn Gott bisher der Lehrer Jesu war und Jesus sein Schüler, dann schlägt jetzt die Geschichte um: Jetzt lernt Gott. Er lernt, lernt die Hölle, lernt die Unterwelt kennen, weil er mit Jesus so weit gegangen ist. Das christliche Bekenntnis glaubt, daß Gott mit ihm bis in das Reich des Todes gegangen ist. Im Reich des Todes lernt Gott den Menschen kennen, der schreiend an ihm festhält, auch wenn er ihn *vor* dem Tod nicht rettet. Jesus, der Schüler, besiegt am Ende Gott. Bei Abraham und Ijob ging Gott nicht bis zum Letzten. Deshalb konnten sie Gott am Ende auch nicht sagen, was die Hölle ist. Mit Jesus lernt Gott die Hölle kennen. Das ist mehr als das Wissen, daß es die Hölle gibt. Jetzt hat er sie erfahren – und die Kerkertüren des Todes werden geöffnet. Die ostkirchliche Kunst hat es in vielen Ikonen beeindruckend dargestellt.

Es gibt seit Ostern immer wieder Theologen, die sagen: Die Hölle ist leer, weil Jesus sie erfahren hat. Sie können sich nicht vorstellen, daß Gott im Angesicht der Hölle, des Totenreiches leben kann. Jedenfalls den Fels, der das Totenreich verschließt, so erzählen uns viele Ikonen, reißt Jesus zur Seite und ruft alle heraus. Wer kann sich dieser Stimme noch versagen?

Der Schüler, Jesus, hat den Lehrer, Gott, besiegt. Am Ende, so sagt die christliche Bibel, sagt Gott kein Wort mehr – er handelt. Nachdem Gott getrauert hat, handelt er. Er rollt den Grabstein beiseite und ruft den Schüler heraus. Gott setzt den Schüler „zu seiner Rechten", wie es christliche Bekenntnisformeln ausdrücken (vgl. Kol 3, 1; Hebr 8, 1).

Seitdem lernt Gott den Menschen von einer anderen Seite kennen, von der Seite Jesu. Der Ankläger (hebr.: Satan) der Schwestern und Brüder, der Menschen, hat keine Chance mehr, das Ohr Gottes zu bekommen, was bei Ijob vorübergehend noch möglich war (vgl. Ijob 1, 6 – 12). Das letzte Wort wird jetzt der Schüler sprechen, mit dem Gott bis zum Äußersten gegangen ist. Das letzte Wort wird ein Wort des Verstehens und der Barmherzigkeit sein, weil der es sagt, der weiß, was Leben und Sterben ist. Und das letzte Wort wird alle beschämen, die das Wort der Anklage gegen den Menschen führen und das Todesurteil fordern.

Was wir hörten und erfuhren,...
das wollen wir unseren Kindern nicht verbergen,
sondern dem kommenden Geschlecht erzählen.
Psalm 78,3f

8 Was das alles für unseren Glauben bedeutet und wie das Lernen nie aufhört

Den Glaubensweg Jesu nachzuzeichnen gleicht einem Mosaik, in dem der einzelne Stein nur ein Element ist. Erst die vielen Elemente zusammen ergeben ein Gesamtbild, das rückblickend einen Weg deutlich werden läßt.

Als der Glaubensweg für die junge Kirche immer schwieriger wurde, suchte sie Vor-Bilder. Darin lag das größte Problem: Der Herr blieb aus, der „Bräutigam" kam nicht zur erwarteten Stunde (vgl. Mt 25,5). Der Gemeinde wurde mehr und mehr deutlich: Es konnte noch lange dauern, ehe er kam. Damit aber begannen die Schwierigkeiten. Das Beispiel der Jerusalemer Gemeinde, die in Gütergemeinschaft alles verbraucht hatte, war bekannt: Sie war am Ende total verarmt, und Paulus mußte in weniger radikalen Gemeinden für sie in der ganzen Ökumene sammeln (in Korinth schien übrigens in enthusiastischer Begeisterung ähnliches abgelaufen zu sein − vgl. 2 Kor 11). Christen mußten neu lernen, in den Strukturen dieser Welt zu leben und ihren Glauben zu bezeugen. Organisation wurde wichtig, Strukturfragen standen an. Es begann das alte Spiel der Macht: Wer sitzt oben? Wer hat die ersten Plätze? Hierarchien bildeten sich, Ordnungen... Sie

123

waren beeinflußt von der Umwelt: Monarchisch (römisch-hellenistisch), presbyterial (jüdisch-syrisch). Die Frage der Einheit in der Vielfalt wurde drängend.

Die größte Klippe hatten die Apostel auf dem Konzil von Jerusalem gemeistert und den Heiden, unter gewissen Auflagen, einen eigenen Weg zugestanden. Aber damit wuchs ein neues Problem, das in der Folge und Wirkung für die jüdische Mutterkirche katastrophal wurde: Die Heidenchristen übernahmen die Führung und spielten die judenchristliche Kirche an die Wand. Die jüdische Wurzel des christlichen Glaubens verlor damit ihren lebendigen Anwalt; die Zerstörung Jerusalems im Jahre 70 n. Chr. nahm der juden-christlichen Kirche ihr Zentrum.

Die Heidenkirche glaubte in einer oft unglaublichen Arroganz und Ignoranz auf die jüdische Wurzel verzichten zu können. In Konsequenz wurde Jesus aus seinem jüdischen Kontext herausgerissen, stand „über allem", verlor damit jede Erdung und litt an seinem Mensch-Sein Schaden. Der „erhöhte Herr" wurde unabhängig von seiner irdisch-jüdischen Geschichte verehrt und drohte damit zu „verdunsten". Als Vorbild ging er verloren.

Als er nicht wiederkam, machten sich Menschen auf, ihn zu holen. Sie taten es, indem sie sich seine irdische Geschichte erzählten, vor allem seine Passionsgeschichte. In der Passion des eigenen Lebens suchten sie ein Vorbild und erinnerten sich an *das* Vorbild, an ihn selbst. Aber nicht nur die Passionsgeschichte, auch seine Machttaten und vor allem seine Gleichnisse, die galiläischen und die dunkleren, die er im Angesicht des drohenden Endes erzählt hatte, gaben der Gemeinde auf dem eigenen Glaubensweg Mut und kritischen Maßstab. Der Kontakt zum irdischen Jesus wurde neu geknüpft und durch das Wort der Evangelien wieder stärker.

Nach allem, was wir heute sehen können, war Markus der erste, der hinging und die ganz und gar irdische Geschichte des erhöhten Herrn erzählte. Er erzählte einen Glaubens-

124

weg. Er erzählte, wie dieser jetzt erhöhte Herr (und das schienen damals wie heute viele zu vergessen) nicht über diese Erde „geschwebt", sondern oft mühsam seinen Weg gegangen war. Er erzählte allen, die glauben lernten, wie Jesus selbst gelernt hatte bis zum letzten Schrei. So wurde der erhöhte Herr wieder Vor-Bild, dem Christen-Menschen nachfolgen konnten. Und um der Nachfolge willen schrieb Markus ein Evangelium. Darum erzählte er. Die *Verehrung* des erhöhten Herrn hatte wunderbare Hymnen hervorgebracht. Die *Nachfolge* drängte zum Erzählen. Der *Glaube* braucht beides.

Heute, so scheint mir nach zwanzig Jahren pastoraler Erfahrung, ist die erzählende Weitergabe des Glaubens an die nächste Generation nicht mehr gesichert. Deshalb trocknet der Glaube aus. Wichtig wäre, daß wir das, „was wir hörten und erfuhren, … dem kommenden Geschlecht erzählen: die ruhmreichen Taten und die Stärke des Herrn, die Wunder, die er getan hat" (Ps 78, 3 f.).
Kirche als Erzählgemeinschaft! Nicht religiöses Formelwissen kann dem gelähmten Glauben aufhelfen, sondern die erzählende Weitergabe an das kommende Geschlecht, damit das Vertrauen zu Gott und seinem „Lieblingsschüler" neu wachsen kann. In seinen Erzählungen, Gleichnissen, auch in seiner Passionsgeschichte, können sich Menschen mit ihrem eigenen Leben besser verstehen und wiederfinden und vor einer allzu naiven Lebens- und Glaubenssicht bewahren.
Im Nach-erzählen und Nach-hören seines Lebens können Menschen entdecken, daß Glauben ein lebendiger Weg ist, ein Lernprozeß, ein Wachstumsprozeß. Sie können Mut bekommen, der eigenen Gestalt des Glaubens nachzuspüren, so wie Jesus sich die Freiheit nahm, seinen Glauben zu entwickeln. Im Spiegel seines Weges können sie sehen, wie eines Tages die Auseinandersetzung mit der von den Müttern und Vätern überlieferten Form des Glaubens ge-

schehen muß – nur ein unterentwickelter Glaube bleibt „zu Hause"! Das gleiche gilt auch für die Auseinandersetzung mit den Lehrerinnen und Lehrern, die unseren Weg begleitet haben.

Zum Glaubensweg gehören Krisen dazu – auch bei IHM. Das kann uns die Angst vor den Krisen nehmen. Sie sind nicht die befürchtete Katastrophe, sie zeigen vielmehr, daß Neues geboren werden soll. Das hat mit Verwundbarkeit und Schmerzen zu tun. Das hat auch mit Ringen zu tun: mit Menschen und mit Gott. Wer *mit* Gott ringt – eine lange Nacht – , der wird am Ende gesegnet. Das setzt voraus, daß wir uns den Gotteskampf zutrauen. Die Bibel und die Menschen, die hinter ihr stehen mit ihrem eigenen Weg, wollen dazu ermutigen. Sie wollen die Angst vor Gott nehmen, damit der Glaube und die Liebe wachsen können – und die Hoffnung, bis zum letzten.

Weil er keine Angst vor Gott hatte, deshalb wurde Jesu Glaubensweg ein schöpferischer Weg. Auf ihm entdeckte er immer neue Seiten an Gott und hielt die unverständlichen (schreiend) aus. In der Liebe hielt er das aus. Um diese Liebe geht es. Sie hört nie auf. Weil das Geheimnis Gottes unerschöpflich ist, hört auch das Lernen nie auf. Aber wenn wir das Schweigen Gottes im Tod ausgehalten haben, diese kritischste Lektion, werden die Tränen aufhören, und wir werden Gott und einander eine Ewigkeit lang kennenlernen.

Darum sollen wir die Bibel erzählen, spielen, singen – auf allen Wegen den Menschen nahebringen. Denn in der Bibel leben unsere eigentlichen Vorbilder im Glauben. Wenn wir etwas über die Entwicklung unseres Glaubensweges wissen wollen, durch wen und mit wem wir glauben lernen können, dann bleibt die Bibel das hervorragende Buch. Und für Christen wird es vor allem der Jude Jesus sein, der uns als unser aller Bruder im Glauben vorausgegangen ist, denn: „Obwohl er Sohn war, hat er an dem, was er gelitten, den Gehorsam gelernt; zur Vollendung gelangt, ist er für alle, die ihm gehorchen, der Urheber des ewigen Heils geworden und wurde von Gott angeredet als ‚Hoherpriester nach der Ordnung Melchisedeks'" (Hebr 5, 8 – 10).

Am Ende bleibt ein Wort des Dankes. Es gilt vor allem Rahel Bruhin, die das Manuskript schrieb. Es gilt Claus Lethen und Alfred Heinze für die fachliche und umsichtige Korrektur des Manuskripts. Es gilt aber auch dem Mitbruder Pater B. Pixner und Dr. R. Riesner sowie Martin Brüske, von denen ich mündlich und schriftlich viele Anregungen bekam. Es gilt Abt Nikolaus und allen Mitbrüdern in der Dormitio Abtei in Jerusalem, die meine Arbeit solidarisch begleitet haben. Endlich gilt es den vielen Menschen, die mich durch ihr Suchen und Fragen immer wieder auf den lernenden Jesus verwiesen haben.

Zwei Bücher seien zum Weiterlesen empfohlen:
W. Bösen, Galiläa als Lebensraum und Wirkungsfeld Jesu. Eine zeitgeschichtliche und theologische Untersuchung, Freiburg 1985
R. Riesner, Jesus als Lehrer. Eine Untersuchung zum Ursprung der Evangelien-Überlieferung, Tübingen 1981

Gleichnisse Jesu neu gedeutet

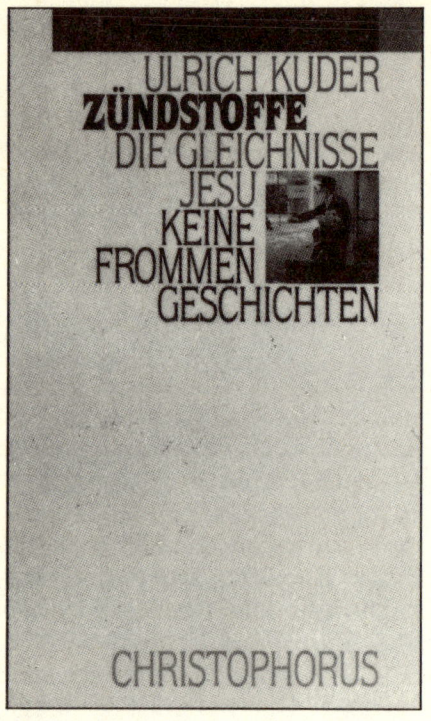

ULRICH KUDER
ZÜNDSTOFFE
DIE GLEICHNISSE
JESU
KEINE
FROMMEN
GESCHICHTEN

CHRISTOPHORUS

104 Seiten, kartoniert, ISBN 3-419-51332-1

Wie „Zündstoffe" wirkten die Gleichnisse Jesu zur Zeit ihres
Entstehens. Daß es heute nicht mehr so ist, müßte jeden
Christen beunruhigen. Das Buch zeigt ohne theologischen
Fachjargon, welche Brisanz die Gleichnisse in ihrer ersten
Stunde hatten und welche tiefgreifenden Lösungen sie für
unsere gegenwärtigen Lebensfragen anbieten. Kernstück des
Buches ist die Aufschlüsselung von acht Gleichnissen, die in
uns heute bedrängende Problemfelder hineingeholt werden.

 Christophorus-Verlag · 7800 Freiburg